JN224554

大人のための
カタカムナ音読法

松永暢史
Nobufumi Matsunaga

ワニ・プラス

まえがき

私は大学卒業後、どこにも就職することなく家庭教師を生業《なりわい》にして半世紀近く、子供たちの学力向上に力を注いできました。そして、その成果を何冊もの単行本として世に送り出しました。

そのなかで、音読メソッドに限ったものを挙げれば、平成一三（二〇〇一）年の『子どもを伸ばす音読革命』（主婦の友社）を皮切りにして、平成二〇（二〇〇八）年『超音読法』（扶桑社）、平成二七（二〇一五）年『未来の学力は「親子の古典音読」で決まる！』（ワニ・プラス刊）になります。

これらの著書で扱った、私が偶然発見し改良してきた音読法は、ごく単純で簡単なものなのです。それは、日本語古典の名文を音読すればいい、たったそれだけのこと。その際、注意することは、次の二点です。

大きな声で一音一音区切ってはっきりと読む。

時代的に古いものから順に、新しいものへと読み進む。

これだけで、子供たちの国語力は飛躍的に向上しました。そして令和四（二〇二二）年、ついに私の音読のキモとなる「カタカムナ」をタイトルに記した『カタカムナ音読法』（ワニ・プラス刊）を世に送り出しました。

カタカムナ音読法――この言葉に耳慣れないと感じておられる方も多いかもしれません。詳しい説明については本書の第二章以降に譲りますが、これは私が開発した、子供の学力を伸ばす最強のメソッドなのです。

この音読法を知った子供たちは、誰もが豊かな言語能力を獲得し、優れた文章が書けるようになっています。彼らは国語が得意になると同時に、強い自信＝自己肯定感を持つことができるようになります。当然、受験も上手くいきます。これを知って実践した親子の「勝ち」なのです。

この国で「アタマが良い」ということとは、「日本語の了解能力・運用能力に優れる」ということにほかなりません。勉強ができる人や高学歴の人をよく観察してみれば、そうした人たちのなかに日本語能力が劣っている人はまず見当たらないでしょう。

既刊書を読んでいただければ、この音読法を実践したことにより、子供たちの日本語の言語能力が飛躍的に伸びていった現実に驚かれることと思います。

こうした経緯を踏まえて、この音読メソッドを社会人の方たちにも役立ててほしいと思い、本書を執筆しました。私はそれを切に願っています。

日本語の言語能力を身につけるのは、何歳からでも決して遅くありません。子供たちに実践して成功しつづけた言語能力向上メソッドが、いまここにあるからです。これまで誰も教えてくれなかっただけのことです。

なにも難しいことはありません。日本語を「一音一音区切って読む」音読法を始めるだけで、目からウロコの効果に驚くはずです。

言語能力の向上があなたの未来を開きます！

令和七（二〇二五）年二月

松永暢史

まえがき　2

第一章
音読法で日本語能力を伸ばす

社会人だからこそ、日本語能力が必要です　14
日本語能力とは何を意味しているでしょうか　16
日本語は難しい言語です　19
日本語能力に優れている人とは？　21
あなたと周りにいる人たちの関係は……　23
仕事が上手くいかないのは……　26
仕事ができる人とは？　28
「素読」という音読学習の文化　30
意味もわからずに読む「素読」の必要性　32
明治の知識人が行っていた素読とは……　34
私の音読法の原点――『徒然草』で発見したこと　37

平安時代の教養書『古今和歌集』を一音一音読み　41
日本語は一音一音区切って読む言語　45
日本語の固有語を用いている「和歌」　47

第二章
カタカムナ音読は最上の日本語学習法

カタカムナとの出合い　50
カタカムナ音読の効果に驚く！　52
改めて、カタカムナとは何か？　54
カタカムナと『古事記』　57
一音一音区切ってカタカムナ音読　60
カタカムナ音読法が人生を変えた　63
●娘とともにカタカムナ音読法の効果を実感！――M・Mさん（四〇代・女性）
●自分の書いた文章を音読してみたら――伊藤恵子さん
●語り継がれてきた言葉がよみがえる――石田珠理さん
●音読で変わった自分に、自分が一番驚いていています――H・Tさん（四〇代・女性）

●カラオケで驚いたことが！――I・Tさん（四〇代・女性）
●基礎発声でわかったこと――M・Sさん（三〇代・女性）
●段階的にできるようになり自信がつきました――S・Mさん（二〇代・女性）
●カタカムナ音読法をビジネスにも生かしていく――K・Tさん（四〇代・男性）
●音読から始まる、表現力向上の可能性――小林美和さん（五〇代・女性）
●私の声に合わせるように孫が音読――K・Kさん（七〇代・女性）
●作文にも効果てきめん！――K・Nさん（四〇代・女性）
●娘も私も、音読で変わりました――濱節さん（五〇代・女性）
●就職支援にも取り入れたい音読法――S・Nさん（四〇代　女性）
●音読は、潜在的なものを目覚めさせる――石田孝子さん（四〇代）

第三章　カタカムナ音読の発声法

最大限に口を開いて「ア」　82
アゴの開きを意識して「オ」　86
アゴの開きを意識して「イ」　87
アゴの開きを意識して「ウ」　89

少しやっかいなのが「エ」の発音　90
子音の発声練習は「ワ行」から　93
いまでは使われなくなった「ヤ行」の発声方法　99
コツが摑めてきたところで、「カ行」です　101
歯を用いて「サ行」　105
舌先を弾いて「タ行」　106
唇をくっつけない「ナ行」　107
唇をくっつける「マ行」　108
息を出す「ハ行」　110
口の形をしっかりする「ラ行」　112

第四章　カタカムナ「ウタヒ」の音読

カタカムナの音読を始めてみましょう　118
カタカムナ第五首と第六首を音読してみましょう　120

カタカムナ文献の私的考察　123
もう一度、第五首と第六首を音読してみましょう　125
第五首と第六首を歯切れ良く音読してみましょう　128
第五首と第六首を説明するように音読してみましょう　130
第五首と第六首を最速で音読してみましょう　131
カタカムナ第一首を音読してみましょう　133
カタカムナ第二首を音読してみましょう　134
カタカムナ第三首を音読してみましょう　135
カタカムナ第四首を音読してみましょう　136
カタカムナ第七首を音読してみましょう　137
カタカムナ第一五首を音読してみましょう　138

第五章　カタカムナ音で古典音読

古典音読は年代順に！　142

テキスト選びのコツ 144
『古事記』（八世紀） 146
『万葉集』（八世紀） 149
『古今和歌集』（一〇世紀） 151
『枕草子』（一一世紀） 清少納言 155
『源氏物語』（一一世紀） 紫式部 161
『方丈記』（一二一二年） 鴨長明 167
『徒然草』（一四世紀） 兼好法師 166
『おくのほそ道』（一七〇二年） 松尾芭蕉 170

―あとがき 178

カタカムナ八〇首 180

第一章

音読法で日本語能力を伸ばす

社会人だからこそ、日本語能力が必要です

「大人になったいまだからこそ、日本語能力を伸ばしましょう！」

こう言うと、みなさんから返ってくる意見がいくつも思い浮かびます。

「小学校からずっと勉強してきたのに、また勉強するの？」

「日本語能力なんて、いまさら伸びないでしょ！」

「ずっと日本語を使って生活してきているのに、いまさらなんで？」

「日本語能力を伸ばすと、どんないいことがあるの？」

……などなど、多くの人たちが日本語能力を伸ばすことに対して疑問を抱くのも、じつは無理からぬところがあります。

たしかに私たちは、小学校時代から授業を聞き、教科書を読み、試験に臨み……そこでの勉強はすべて日本語で行われてきました。国語はもちろん、算数も理科も社会も、英語だって、日本語で書かれた教科書が用いられています。ですから当然、多くの人は「ふつうに日本語ができる」と思いこんでしまいます。

ここに、日本語の言語能力としての落とし穴が潜んでいます。

私たちはひらがな、カタカナから始めて、小学校・中学校で漢字を二〇〇〇字以上習いました。これが学生時代に身についた日本語能力の基本になっています。ところが残念なことに、日本語の言語能力について、その根本を教えられる先生もいませんし、教えるためのメソッドもありませんでした。

その結果、テキストを読めない大学生が多くなり、社会人になって自分の日本語能力に自信を持てない人が増えてきているのです。

あなた自身のことだけでなく、周りにいる人たちのことを思い浮かべてみてください。たとえば、仕事で提案書が思うように書けなかったり、すぐに理解できないところがあったり、メールの対応で不手際があったり、報告文を書くのが苦手だったり、抽象的な表現についていけなかったり……などなど、思い当たることがあるのではないでしょうか。

仕事だけでなくプライベートでも、自分の思いを相手にうまく伝えられなくて悩んだり、真意を読めず相手の意図に気づかなかったり、言葉足らずで相手に誤解を与えてしまったり……などなど、こちらも思い当たる人が多いのではないでしょうか。

なぜ、日本語なのに相手にきちんと伝わらないことが起こるのか――理由はひとつだけです。日本語の使い手としての言語能力に問題があるからにほかなりません。

でも、心配はいりません。多くの人は、日本語を駆使する能力を伸ばすための勉強をしてこなかっただけのことです。言い換えれば、日本語をきちんと教えてくれる先生がいなかっただけだからです。

日本語能力とは何を意味しているでしょうか

私たちはいま、世界の言語のなかでも習得するのが難しい日本語を「聞く・話す・読む・書く」ことができて生活しているので、日本語の難しさに気づきにくい面があります。なんといっても、生まれたときから家庭で、そして小学校からずっと学んできた日本語ですからね。日常生活で日本語を使うことに、あまり不自由を感じにくいところがあっても当然です。

でも、気づいてほしいことがあります。

私たちが日常の会話で用いている言語は、学習する際に用いる言語とは異なるという点です。ふだんは、相手になんとか伝われば問題ないという程度で十分なのです。それで生活できていれば、改めて「修正」する必要もありません。

でも学習では、文字で書かれていることを正確に理解できなければ話になりません。テキストを読んで理解する能力が求められています。とくに、大学では「この能力がない者は入学しても意味がない」と断言できます。

社会人になるとこれは致命的な話になります。先に少し触れたように、ビジネスの場で何を言いたいのかわからない提案書を書いてしまう、会議で何を説明しているのかわからない、議論が嚙みあわない……こんなことを繰り返してしまうと、一気に信頼を失います。

自分のことを考えてみるだけでなく、周囲の人を見回してみてください。学生時代に培った日本語能力で試験の模範解答を導くことはできていたとしても、大人になって実際の生活で日本語能力を使いこなせている人は思いのほか少ないのではないでしょうか。

難しい日本語を使いこなしている私たちは本来、言語能力が高いはずです。

それなのに、社会人になって「日本語で苦労することが多い」と気づいているとしたら、いまこそ未来を開く絶好の機会です。

前述したように、日本語で書かれた教科書で勉強したからといって、日本語の言語能力を向上させるための勉強をしてきたわけではありません。教えてくれる先生もいなければ、教えるメソッドもなかったのが現実です。

では、日本語能力の高い人というのは、何に優れているのでしょうか。

まず、小学生についてですが、「国語ができる」とは、国語のテストで高得点が取れるということだけではありません。

・他人の話を聴いてよく理解し、自分の言葉でこれに対する見解を的確に述べることができる。

・他人の書いたものを読んでよく理解し、自分の言葉でこれに対する見解を的確に記述することができる。

この二点に尽きる、と私は考えています。小学生だけでなく大人についても、同じことが言えます。

このような、日本語を使ってものごとを理解し表現する力のことを、私は「日本語了解能力」や「日本語運用能力」と呼んでいます。「国語力」と言い換えても差しつかえありません。

日本語は難しい言語です

大事なことなので繰り返しますが、日本語は本来、難しい言語であることを自覚していない人が多いのではないでしょうか。なぜなら、誰でもある程度は「聞く・話す・読む・書く」ことができているからにほかなりません。そして、日常生活を送るうえでは不便を感じていないからです。

日本語以外の母語を持つ人、外国人が日本語を習得することの困難さは、私たちの想像を超えています。「聞く・話す」はなんとかなって、日常生活に不便を感じなくなったとしても、ひらがな・カタカナ・漢字を縦横無尽に組み合わせて、人に理解してもらう、さらに人に面白いと思ってもらう文章を書くことができるにはどれだけの努力が必要か……。

思いつくまま、日本語の難しいことの例を挙げてみると、

一人称、二人称の種類の多さ——私、僕、俺、あたい、わし、あなた、あんた、君、おぬし、汝……（さらには省略されることも）。

尊敬語、丁寧語、さらには謙譲語なんて理解不能と言っても過言ではありません。

同音異義語のとてつもない多さ。

助詞の存在。

四季と自然を取り込んだ単語の多さ……。

BLUEという色には青、群青色、空色、水色、紺色……。

などなど、これらはほんの一例にすぎないでしょう。

実際に、こんな出来事もありました。

かつて医療現場で看護師さんが不足し、インドネシアやフィリピンから看護師さんに来てもらい、一年間医療現場で働いたあと、看護師国家試験を受けたけれどほとんどの人が不合格でした。当然のごとく知識やスキルは申し分ないのですが、日本語での試験が難しかった……ということにつきます。


日本語は相当難しい言語であるだけに、幼少期から小学校と、日本語を習得していく過程で、できる人とできない人の差がとても大きくなってしまいます。

私が見てきた、勉強がイマイチな子供たちの大多数は、国語力に問題があるのです。先生の話している内容がわからない、キチンと聴いて理解することができない。テストの設問そのものが理解できていない、誤解してしまう。国語了解能力に問題があれば、算数や理科、社会……ほかの教科の成績も良くなるはずはないのです。

こうして、国語了解能力に問題があると「勉強のできない子」というレッテルを貼られることになります。

私がかつて教えた、ある帰国子女は学校の成績が悪く、特別支援学級に行くことを勧められていました。ところが、音読法を指導していくと、徐々に日本語了解能力を高めていきました。そのことでほかの教科の成績も上がり、中学・高校を無事卒業、志望の大学へ進学したのです。

学生たちを教えてきた、いくつもの実績があるからこそ、本書を大人の人たちにお届けする意味があると確信しています。

日本語能力に優れている人とは？

ここで改めて、私たちの日本語能力について、考えてみましょう。

繰りかえしますが、私たちの多くは、ひらがな・カタカナの単語を覚えることから始めて、次に漢字を学ぶことで、日本語の言語能力を高めてきました。この教育方法を国が定めたわけだから、なんの疑問を抱くこともなく、学校で日本語を習得していったのです。

そこで、まず日本語能力は何で決まるのか――。

いろいろな要素がありそうです。すぐに思いつくのは、言葉や漢字の理解力、そして語《ご》彙《い》力ですね。これは高学歴者の得意とするところ。学校での勉強ができた人と言えます。

つまり、日本語を「書く・読む」能力を身につけることが、日本語能力の基本です。国語の試験では、それを問うています。

この「書く・読む」に加えて、人とコミュニケーションするためには「話す・聞く」日本語能力が必要になってきます。社会人になると、それを実感することでしょう。

文化庁はこれを「言語運用能力」と名づけています。

〈言語運用能力とは音声言語・文字言語を問わず、相手や目的・場面に応じて自らの意思を言語によって適切に表現・伝達し、かつ言語を通して相手の意思を的確に理解し得る能力のことであり、端的には、聞くこと、話すこと、読むこと、書くことのすべてにわたって総合的に運用する能力として位置付けられる。〉（新しい時代に応じた国語施策について〔文化庁〕）

小難しい言い方になっていますが、要はコミュニケーションをより効果的にするために、言語を使いこなし、相手の言いたいことを的確に理解する能力のことでしょう。自分の思っていること・考えていることを相手に伝えられ、相手の思っていること・考えていることを理解できる能力とも言えます。

これは高学歴だからといって、全員ができることとは言えません。次項で説明する「良い人間関係」、次々項の「仕事ができる人」のことを考えれば、納得できると思います。ここが、日本語言語能力の習得を難しくさせている理由のひとつでもあります。

あなたと周りにいる人たちの関係は……

「良い人間関係というのは、最終的には日本語能力で決まってくることが多い」

講演会などでこう話すと、決まって「ぽか〜ん」とされる人を多く見かけます。私の言っている意味がピンとこないのでしょうか。大きくうなずいてくれる人は、あまり見かけません。

では、あなたの周りにいる友人たちを思い浮かべてみてください。

まず、学生時代に仲が良かった人で、社会人になってからも付き合いが続いている人がいるとしたら、どうしてだと思いますか。

いくつもの理由が挙げられるでしょうが、多くの人の答えは、お互いに「話が合う」から、「気が合う」から、となるに違いありません。

この「話が合う」と「気が合う」を分析してみましょう。ネット検索をしてみると、このように書かれています。

（話が合うとは）〈趣味や好みなどが一致して、楽しい話ができる」（デジタル大辞泉）

（気が合うとは）〈考え方や感じ方が通じ合う。〉（同）

男女間の関係はさておき、同性同士において、ふたつの「合う」をさらに深く考えていくと、共通している大事な要素に気づくはずです。

楽しい話ができるのは、趣味や好みが同じだからというだけでなく、じつは「話す内容」が重要だからです。考え方や感性が通じ合うのも、大事なのは何をどう話すかにあります。

そうです、この「話す内容＝何をどう話すか」こそ、良い人間関係を築くツールのひとつなのです。

そのためには、ある程度は同じ日本語能力を持っていることが大前提となります。相手の話していることを理解できる日本語能力、と言ってもいいでしょう。

たとえば、相手の話を聞いていて、こういう経験はありませんか。

熟考しても「何を言っているのか、まったくわからない」と感じたこと。

すぐに「あまりにもくだらない」と思ったこと。

こちらが言うことに、トンチンカンな反応をされたこと。

いいと思って話を進めたのに、あまり理解されなかったこと。

……などなど、コミュニケーションを上手にとれなかった場面が思い浮かんだとしたら、その理由は「日本語能力のレベルの差」にあると言えます。

就職した職場や仕事で知り合った人を思い浮かべてみると、あなたの人間関係を決めているポイントが見えてくるはずです。ちなみに、あなたが相手の話を理解できないときは、あなたの日本語能力に問題がある、と肝に銘じておいてください。

日本語能力のレベルに差がありすぎると、良いコミュニケーションをとりつづけるのは難しいと断言しておきます。一度だけならともかく、二度三度となると、日本語能力のレベルが問題になってくるのです。たとえ、趣味や好みが同じでも、考え方や感性が通じ合っていても、です。

仕事が上手くいかないのは……

「仕事ができない一番の原因は、日本語能力の低さにあります」

講演会などでこう話すと、やはり納得されない方が多いようです。それは致し方ないこと。なぜなら、前述したように、誰もが日本語を使って問題なく生活できているから、です。

でも、ここで、もう一度よく考えてください。

私は、こう問いかけることにしています。

「あなたは、日本語で失敗した経験はありませんか？」

自分自身を振り返ってみても、漢字の間違いはよくあったし、文章の言い回しが上手くできない、書いている文章を理解されにくいことがある……などなど、自分の恥をさらけ出したくはありませんが、枚挙にいとまがないほどではないにしても、少なからず日本語での問題点が見つかることはあります。

スマホやパソコンでメールのやり取りをしたり、文章を書いたりすることが当たり前になった世の中では、自分自身で日本語能力を判断しづらくなっています。

たとえば、漢字ひとつとってみても、入力したひらがなを変換すれば、一瞬にして漢字が表示されるわけですから、その漢字が正しく書けなくても、漢字を知っていれば問題はありません。よく聞くのは、書きあがった原稿が上手いのか下手なのか、スマホやパソコンによるものでは判断しにくい、という話。

ネット検索をすれば、適当な文章が見つかったりすることもあるし、敬語などの使い方も例文があるし、なかなか素敵な世の中になったなあ、と思っている人がいるかもしれません。とても便利な社会です。

でも、仕事というのは、自分の考えを自分の言葉で話さなければ始まりません。企画書や報告書を書くのでも、伝言メモでさえ、あなたの文章力が試されているのです。

いつでも、どこでも、日本語能力を必要とされているのが社会人と言えます。

なにも、「難しい言葉で話しなさい」と言っているわけではありません。ここは勘違いしないでほしいので念を押しておきますが、難解な文章より平易な文章のほうがよく伝わるものです。このことを忘れないでください。

日本語能力で大事なのは、自分自身が理解できている日本語で話したり、書いたりしているか、ということです。

男女の付き合いでも同じ。背伸びしすぎると、上手くいかないもの。こちらも、日本語能力が関わってくるのは自明の理です。ラブレターを書いてみれば気づくことになるのですが、何をいまさら、と思われてしまいそうですね。

ひとつ、忘れないでほしいことがあります。

私のカタカムナ音読法には「日本語で失敗しない人になってほしい」という思いが込められているということです。

仕事ができる人とは?

社会人のあなたから見て、仕事ができる人とはどんな人ですか――。

たとえば、営業成績がいい人を考えてみてください。彼らは総じて、商品の魅力を伝えられる。お客さんのニーズをうまく掬《すく》い取れる。自分という人間を上手にプレゼンテーションできる。上司や会社に提案できる……などの特徴を持っています。

また、企画力がある人というのは、自らのアイデアを上手に文章化、言語化できるし、社内の会議で上手にプレゼンできます。

とくに、会社で出世する人は、何よりもコミュニケーション力に優れています。こういう人の日本語能力には、目をみはるものがあるはずです。なぜなら、あらゆる交渉事は日本語能力に左右されるからです。

少し考えただけでも、「仕事ができる」と評価されている人はみんな、日本語能力の高いことがわかります。言い換えれば、日本語を上手に操る人です。

では、そうした人たちがみんな、高学歴だったかというと、必ずしもそうとは限りません。

「仕事ができる人＝高学歴」とは言いきれない例を、ひとつ挙げましょう。

日本語を上手に操ることで言えば、落語家など日本語を話すことを生業としている人の顔が思い浮かびます。

落語では「三遍稽古《さんべんげいこ》」といって、師匠が弟子につける稽古があります。師匠は弟子を前にして噺《はなし》を三回だけ演じ、弟子はそれを聴いて覚えるわけです。テキストはなく、あくまでもひとつの噺を口伝《くでん》で教えてもらいます。

何やら、物語などが口承で語り継がれてきた、文字のない時代を連想させます。これが学歴と無関係なことは言うまでもありません。

こうして考えてくると、言語能力とは後天的なものだということを実感させられます。では、生まれつき持っているものではなく、その人が優秀かどうかを決定する「言語能力」は、どのようにしたら身につくのでしょうか。

「素読」という音読学習の文化

いわゆる「優秀」と世間で言われている人は、その能力を手に入れるために、いったいどのような言語環境で育ってきたのか、とても気になるところではあります。教育を考えるうえでも、重要な課題のひとつですが、残念ながら彼らが言語能力を高めた理由は、いまだ世に流布していません。

そこで、日本に優秀な人が続々と現れた明治時代を例に考えてみると、たとえば福澤諭吉、森鷗外、夏目漱石……などに共通する勉強方法が浮かび上がります。それは、漢文の「素読《そどく》」です。

成城大学文芸学部国文学科の上野英二教授は、素読についてこう記しています。

〈言葉、文学はもともと声だった　声に出して読むことが　文学を身に染みて味わうことにつながる〉（「成城大学文芸学部の情報空間」）

という見出しのあとに、次の解説が載っています。

〈……今では黙読が主流ですが、古来文学は、歌も物語りも声に出すものでした。「素読」は、読書を全身ですることによって、言葉に生命を吹き込むことができます。何を教わらなくても、赤ちゃんが自然に言葉を身に付けるように、「素読」は、我々の母なる言葉、日本語をいつのまにか深く豊かなものにしてくれるのです。〉（同）

そもそも、素読とはどんなものなのか——。

簡単に説明すると、江戸時代に寺小屋や藩校、漢学塾などで行われていた勉強法です。四書（儒教の代表的な経書『大学』『中庸《ちゅうよう》』『論語』『孟子《もうし》』）をはじめとする、中国の文字文化を声に出して読むことでした。中国語の漢文を理解するために「読《よ》み下《くだ》し」という、日本語に直訳した文章にして読んでいたのです。先生が発声する通りに、声に出して読みます。

谷崎潤一郎はこう言っています。

「意味がわからなくても、先生が言う通りに音読するのが素読」と。

さらに、素読が教育上に効果をあげた顕著な例として、貝塚茂樹博士（一九〇四〜一九八七、中国史学者）、湯川秀樹博士（一九〇七〜一九八一、物理学者、ノーベル物理学賞受賞者）、小川環樹《たまき》博士（一九一〇〜一九九三、中国文学者）の三兄弟を生み出した小川家における素読教育が有名です。

ただ、日本人として初めてノーベル賞を受賞した湯川博士とて、漢籍の素読はいやいやながら受けていたと書いています。つらかったし、逃げたくもあった、と。

そして、ときには〈私の気持ちは目の前の書物をはなれて、自由な飛翔をはじめることもあった。そんな時、私の声は、機械的に祖父の声を追っているだけだった〉（『旅人——湯川秀樹自伝』（角川ソフィア文庫）とも書き記しています。

意味もわからずに読む「素読」の必要性

文芸評論家の小林秀雄は、数学者の岡潔《きよし》との対談集『人間の建設』（新潮文庫）のなかで「素読教育の必要」を説き、〈素読教育を復活することはできないとわかっているが、それが実際、どのような意味と実効とを持っていたかを考えてみるべきだ〉と述べています。それを〈昔は、暗記強制教育だったと、簡単に考えるのは、悪い合理主義〉と言いきっています。このあとを、少し長くなりますが一部引用してみます。

〈「論語」を簡単に暗記してしまう。暗記するだけで意味がわからなければ、無意味なことだと言うが、それでは「論語」の意味とはなんでしょう。それは人により年齢により、さまざまな意味にとれるものでしょう。一生かかったってわからない意味さえ含んでいるかも知れない。それなら意味を教えることは、実に曖昧《あいまい》な教育だとわかるでしょう。丸暗記させる教育だけが、はっきりした教育です。（中略）私はここに今の教育法がいちばん忘れている真実があると思っているのです。

「論語」はまずなにを惜《お》いても、「万葉」の歌と同じように意味を孕《はら》んだ「すがた」なのです。古典はみんな動かせない「すがた」です。その「すがた」に親しませるという大事なことを素読教育が果したと考えればよい。「すがた」には親しませるということが出来るだけで、「すがた」を理解させることは出来ない。とすれば、「すがた」教育の方法は、素読的方法以外には理論上ないはずなのです。（中略）古典の現代語訳というものの便利有効は否定しないが、その裏にはいつも逆の素読的方法が存するということを忘れてはいけない〉（『人間の建設』）

素読をすることで、文章を読む力がつく、記憶力が良くなる、文章感覚が身につくなどの効果があるとされ、明治時代に入っても文豪や政治家などの偉人たちも行っていたのです。

重要なのは、日常の会話とはまったく違った古典を音読することで、日本語の持つ言葉の響きとリズムを身につけられる点にあります。

しかも、声に出して読むことは、耳で読むこと。お母さんが行う「読み聞かせ」が子供の日本語能力を高めるのはすでに実証されています。そのひとりバージョンといえます。

さらに、素読とは意味の伝達よりも、言語のリズムを重視した教育だということがわかります。

そのリズムとは何か、なぜ素読があらゆる学問の土台になったのか、漢文の素読の何が言語力を培ったのか……この理由に答えた書物として、本書は唯一のものになります。

明治の知識人が行っていた素読とは……

先述のように、江戸時代から、藩校も寺小屋も個人教育も、テキストを音読できるようにする「素読」が教育の基本でした。学問とは、書物を声に出して読むことだったのです。話は少しそれますが、どんな文章を素読していたのか、その例文を挙げておきます。ご興味のない方は、次項へ進んでください。

ここでは、漢学の初歩である四書『論語』の例を挙げておきます。『論語』は師である孔子とその門人の問答を、師の死後にまとめた書。

江戸時代の素読では、先生が「子曰く」と読むと、生徒はそのまま「子曰く」と読みます。続けて、先生「学びて時に之を習う」、生徒「学びて時に之を習う」、先生「亦説ばしからずや」、生徒「亦説ばしからずや」と読んでいきます。これを何度も続けるのです。

子《し》曰《いわ》く、學《まな》びて時《とき》に之《これ》を習《なら》ふ、亦説《またよろこ》ばしからずや。朋《とも》あり遠方《えんぱう》より來《きた》る、亦樂《またたの》しからずや。人知《ひとし》らずして慍《うら》まず、亦君子《またくんし》ならずや。

『論語』の最初の篇である「学而篇《がくじへん》」。その「学而篇」の最初の章句です。学問の楽しさを示しています。

論語は全一〇巻二〇篇のなかに五一二章句がありますが、これをすべて素読したかどうかは定かではありません。多くの人は、最初の二篇「学而第一」「為政《いせい》第二」の三〇章句を読んだのではないでしょうか。

ここでは最初の二篇のなかから、有名な名言集をいくつか載せておきます。ぜひ、素読してみてください。


子《し》曰《いわ》く、過《あやま》ちて改《あらた》めざる、是《こ》れを過《あやま》ちと謂《い》う。（衛霊公《えいれいこう》篇）

子《し》曰《いわ》く、巧言令色《こうげんれいしょく》、鮮《すくな》し仁《じん》。（学而篇）

子《し》曰《いわ》く、故《ふる》きを温《たず》ねて新《あたら》しきを知《し》る、以《もっ》て師《し》と為《な》るべし。（為政篇）

義《ぎ》を見《み》てせざるは勇《ゆう》無《な》きなり。（為政篇）

漢文というのは、もともと日本語が存在したところへ、あとから入ってきた中国の文字文化です。先述のように、それを翻訳理解するために「読み下し」という手法が取り入れられました。そう考えてみると、そこにはすでに先行する言語文化が存在したことが暗示されるでしょう。

漢籍ではなく、日本の言語文化の根底にあったもの、それは「和歌」です。これに気づいたことが、私の音読法を高みへと導いてくれたのです。

私の音読法の原点――『徒然草』で発見したこと

ここで日本語の本質に話を進める前に、子供たちの国語力を飛躍的に向上させた、私の音読法について、少しだけお話ししておきます。詳しくは拙著『未来の学力は「親子の古典音読」で決まる！』をお読みください。

文章をほとんど読めない中学二年男子の指導を引き受けたことから、私はこの音読法を発見しました。

まず、彼に国語の教科書を読んでもらおうとしたところ、たどたどしくさえ読むことができないではありませんか。わからない漢字が多いだけでなく、ひらがなもまともに読めません。書いてある単語や文を、ひとつの意味のまとまりとして読むことができないのです。

会話は問題なくできますし、大好きなプラモデルの説明書は読める、と言います。それなのに、教科書の文章になると、書かれたものを読んで、意味の固まりをつくることができないのです。

それでも、毎回行くたびに、私が読み、生徒が同じ文章を読む「素読勉強法」をしていきました。なんとか読めるようになっても、数日後にはまた読めなくなる――この繰り返し。多少の進歩はあるものの、どうも上手くいきませんでした。

そんな折、古文の授業で、吉田兼好《けんこう》の『徒然草《つれづれぐさ》』をまったく読めず、次の授業までに読めるようにしてきなさいと言われて落ち込んでいた生徒を見て、いつもどおりの音読を始めることにしました。

そこにあったのは『徒然草』の序段でした。現代文が読めないなら、訳がわからない古文で音読してもいいだろう、と思って。

しばらく繰り返してみても、まったく上達しません。意味が伝わるように、スラスラ読むことができないのです。

そのとき、ふと思いついたのです。

「意味も流れもどうでもいいから、とにかく一音一音ずつ切って読んでみよう。それなら、キミにもできるだろう」

私が「徒然《つれづれ》なるままに」と読むと、彼は続いて読むことができません。相変わらずです。耳で聞いた音を、自分の言葉で再現できないのです。

私が「つ・れ・づ・れ・な・る・ま・ま・に」と読みはじめると、彼にもひらがな一音一音を切って発音することは、たどたどしいながらもできました。

私のあとに、彼が「つ・れ・づ・れ・な・る・ま・ま・に」と読みます。次いで、私が「ひ・ぐ・ら・し・す・ず・り・に・む・か・い（ひ）・て」、彼が同じように続けて読みます。

こうして悪戦苦闘をしながらも、なんとか序段は読み終えました。これを何度か繰り返して、そこそこ読めるようになったものの、次の日にはもうできなくなってしまうのです。

困った私は、彼に再度こう言いました。

「意味なんてわからなくていいから、まずは一音一音区切って読んでみよう。大きい声でね」

いっしょに声を合わせて一音ずつ「つ・れ・づ・れ・な・る・ま・ま・に」と、ゆっくり、大きな声で読んでいきました。上手く読めると、大いに褒《ほ》めてあげます。

このあと、驚くべきことがありました。この音読法を繰り返したことで、彼は次の授業で『徒然草』をクラスで一番上手く読めたというのです。

「先生に褒められた」と言う彼は、嬉しいだけでなく、どことなく自信が持てたようでした。家庭教師の私としては、音読法のきっかけを摑《つか》むと同時に、褒めることの大切さを改めて実感しました。

勢いに乗った私たちは、教科書にあった『徒然草』第一一段の「神無月《かんなづき》の頃」に進み、ついには一音一音区切らずとも、普通に読めるようになったのです。しかも現代文も、読めない漢字を教えさえすれば、意味の通じる文としてなんとか読めるようになっていきました。上手く読めないところは、そこを一音一音区切って読むことで解決。

『徒然草』を音読すると、現代文も読めるようになる――これこそ「松永の発見」と呼ばせていただいている、音読法です。

さらに、教科書で取りあげられる古文は文章量も少なく、一音一音区切って読むのに適した教材だと気づいたのです。

それから生徒は意欲的になり、音読法をやりつづけると、国語だけでなくほかの教科の成績も上がっていきました。

この『徒然草』を一音一音区切った音読法は、その後も驚くほどの効果を生徒たちにもたらしたのです。ただ、当時はなぜ効果が上がるのか、そのメカニズムはまだわからないままでした。

平安時代の教養書『古今和歌集』を一音一音読み

古典音読を続けているとき、気づいたことがあります。

高校の古文にある『枕草子』や『源氏物語』といった平安時代の文学は、『徒然草』が読めるようになっても、なぜだか上手くいかないのです。

鎌倉時代末期に書かれた『徒然草』で一音一音区切る音読法は効果を上げるのに、それ以前の平安時代の作品では通用しません。

『徒然草』は江戸時代になっても、藩校や寺小屋で使われただけでなく、庶民が家庭で読んでいたほど、のちの時代になっても幅広く読まれていた本です。そこに発見のヒントがありました。

江戸時代以降で、文章を書くようになった人は、幼いころみな『徒然草』を読んでいた、たぶんに音読していた経験がある、と気づかされたのです。そうだとすれば、平安古典を音読し理解するには、平安時代の人がみな読んでいた本を一音一音区切って読めばいいことにならないだろうか……。

思い立ったが吉日――。

平安時代の人に共通する教養書とは何か。迷うことはまったくありませんでした。言うまでもなく『古今《こきん》和歌集』（略称は『古今集』）です。

早速、『古今集』の撰者のひとり、紀貫之《きのつらゆき》が書いた「仮名序」の冒頭を一音一音区切って音読させてみました。

「や・ま・と・う・た・は・ひ・と・の・こ・こ・ろ・を・た・ね・と・し・て・よ・ろ・づ・の・こ・と・の・は・と・ぞ・な・れ・り・け・る……」

すると、このあと少し解説をすれば、『枕草子』や『源氏物語』が読んでそのままわかるようになったのです。さらに、『徒然草』がもっと読みやすくなることまでわかりました。

ここまででわかったことが、ふたつあります。

『徒然草』を音読すると、江戸時代以降に書かれた文章が読みやすくなるのは、それを書いた人に『徒然草』の音読体験があるから。

同様に、平安古典の基である『古今集』を音読すると、それ以降に書かれた作品が読みやすくなる。

そして、そこに共通するのは、一音一音読みをすると、よく意味が通じるようになる、ということです。

考えてみれば当たり前とも言えるのですが、どの時代でも学問の場で使用されるテキストは、同時代の作品ではなく、常に前の時代の作品なのです。

『徒然草』の作者、吉田兼好は『源氏物語』『枕草子』『平家物語』などをテキストにして勉強していたに違いありません。『源氏物語』『枕草子』の作者たちは『古今集』『竹取物語』を教材にしていたのです。

それ以前の作品として『万葉集』がありますが、この巻頭歌は、一音一音読みでは上手

くいきませんでした。どんな歌かというと、

籠《こ》もよ　み籠《こ》持《も》ち　ふくしもよ　みぶくし持《も》ち　この岡《おか》に　菜摘《なつ》ます児《こ》

家告《いえの》らせ　名告《なの》らさね

そらみつ　大和《やまと》の国《くに》は　おしなべて　我《われ》こそ居《を》れ　しきなべて

我《われ》こそいませ　我《われ》こそば　告《の》らめ　家《いえ》をも名《な》をも

これがうまく読めないということは、ここには『古今集』の音ではない、別の音があるということなのか——。

それとも、一音一音区切って読む、その読み方に違いがあるのだろうか——。

日本語は一音一音区切って読む言語

延喜《えんぎ》五（九〇五）年、醍醐《だいご》天皇の下命で最初の勅撰《ちょくせん》和歌集として『古今集』が編纂されました。この「勅撰」とは、天皇の命令で行うということ。皇室が政治だけでなく、文化の中心であることを自ら言明したのです。

それはなぜか——。

いくつものことが思い浮かびますが、それを考えていくのは本書の主旨から外れてしまいます。ただ、いまでも毎年、新春に宮中で「歌会始《うたかいはじめ》の儀」が行われていることは、まぎれもない事実です。

ちなみに、この「歌会始」の起源は必ずしも明らかではありませんが、鎌倉時代から断続的に行われ、室町時代の文亀《ぶんき》二（一五〇二）年からは毎年恒例となりました——「和歌御会始《ごかいはじめ》」といいます。

現在、皇居の宮殿松の間において行われている「宮中歌会始の儀」には、皇嗣《こうし》殿下をはじめ皇族方が列席され、文部科学大臣、日本芸術院会員、選歌として選ばれた詠進者などが聞くわけですが、和歌はできるだけ大きな声で一音一音区切って詠まれます。しかも、長く伸ばす詠み方なので、三一文字の一首で普通なら一〇秒程度で詠まれるところ、なんと一分以上かかるのです。

ここでの和歌の詠まれ方こそ、日本語の原点と言えます。

日本語は一音一音区切る言語であって、その一音一音に意味がある、と改めて感じさせられます。

たとえば、一音で意味があるのは、思いつくまま順にあげてみると、い・え・お・き・く・こ・す・せ・ち・て・と・な・ね・の・は・ひ・ふ・へ・ま・み・め・も・や・よ・わ。ほかにもあるかもしれませんが、漢字で書いてみると、よくわかると思います。

さらに、一音に「る」をつけてみてください。ある・いる・うる・える・おる・かる・きる・くる・ける・こる・さる・しる・する・せる・そる……。ラ行以外は「る」をつけると、意味がある動詞になります。

このように、そもそも日本語の一音一音には抽象的な思念があるということなのです。

日本語の固有語を用いている「和歌」

「一音一音」性を持つ日本語が、和歌のかたちで残って、日本語の特色になっています。和歌は明らかに、一音一音区切って詠むようにできていますから。

ここで、改めて『古今集』の仮名序を声に出して読んでみてください。

や・ま・と・う・た・は・ひ・と・の・こ・こ・ろ・を・た・ね・と・し・

て・よ・ろ・づ・の・こ・と・の・は・と・ぞ・な・れ・り・け・る……

このリズム、意味の乗り方が一種の手本のようです。一音一音に意味が込められている日本語のかたちが、まさにここで決定された、と言えるのではないでしょうか。

漢字伝来以前に文字がないとされている日本ですが、文字論争はともかくとして、当時すでに日本独自の言語文化が存在していたことは疑いの余地がありません。いわゆる、「大和言葉」と称されている、日本語の言語文化です。

その中心となっていたのは、古くは「やまとうた」と呼ばれていた「和歌」です。日本最古の歌集『万葉集』のはるか以前から、和歌は全国各地で詠まれていました。それは文字が現れる前からのこと。日本人は、自分の感情を和歌にして詠んでいたのです。日本語の固有語を用いて会話するだけでなく、口承として「ウタ」が受け継がれていました。

日本語の言語文化の根底にあるのは、和歌の音です。

そして私は、和歌の前にあったであろう「ウタ」に出合うことになります。

第二章

カタカムナ音読は最上の日本語学習法

カタカムナとの出合い

一音一音読みの音読法を続けていた平成八（一九九六）年のこと、縄文文明を研究している人が主催する、ある会合に参加したことが、カタカムナという文献の存在を知るきっかけになりました。

会合で知り合った人によると、カタカムナは超古代語で、起源は紀元前五〇〇〇年以前に遡《さかのぼ》るというのです。呆《あき》れていた私に、彼はカタカムナの朗読を依頼してきました。

「カタカムナは、すでに音はわかっています。ところが、声に出して読んでみても、さっぱり意味が摑《つか》めない。音読の専門家であるあなたに、一度音読をしてみていただきたい」

彼から、カタカナが縦書きに記された紙を手渡されました。

「古代日本語です。ぜひ、読んでみてください」

私はその文献の一部を一音一音区切って、声に出して読んでみました。このときのことは拙著『カタカムナ音読法』に詳しいので、要点だけを書くことにします。

音読したとき、意味はわからないけど、何かが伝わる感じがしました。日本語ではないようなのに、どこかに限りなく日本語に近い感触。

直感的に、意味がわかるような気がするだけでなく、懐かしいような気がするのです。美しささえ感じました。

もっと驚いたことに、彼はこう説明したのです。

「カタカムナ語には、一音一音に意味（＝思念）があります。もともと日本語は、一音一音に抽象的な意味を持つ言語だったらしい」

このとき読んだのが「カタカムナ文献」の第五首と第六首。ちなみに、こういう「ウタヒ」です。

ヒフミヨイ　マワリテメクル　ムナヤコト
アウノスヘシレ　カタチサキ
ソラニモロケセ　ユヱヌオヲ　ハエツヰネホン

カタカムナ

「カタカムナ文献」は全八〇首からなり、見たこともないような記号のように見えました。中心から右回り渦巻き状に書かれた「図」は美しいと思いましたが、「カタカムナ文献」とかカタカムナ文明にはとくに興味は持ちませんでした。

私の興味はただただ、カタカナで書かれた「ウタヒ」だけにあったのです。

カタカムナ音読の効果に驚く！

偶然『徒然草《つれづれぐさ》』で、その音読に国語力伸張の鍵があることは摑んでいたとはいえ、どうして『徒然草』を一音一音切って音読すると、現代文もよく読めるようになるのか——。その「原理」がわからないでいました。

そこへ『徒然草』に代えて「カタカムナ文献」を導入してみると、生徒たちの日本語能力がみるみる向上していったのです。『徒然草』や『古今《こきん》和歌集』より、はるかに効果が大きいことがわかりました。カタカムナを音読すると、『古事記』や『万葉集』や『古今集』も音読・直解できるようになるのです。しかも、その結果、現代文読解能力が著しく伸びるのはもちろんのこと、作文も上手に書けるようになってしまったのです。

いったい、これはどういうことなのか――。

カタカムナ音読法を続けるなか、私はある確信を持つようになりました。

日本古来の「和歌」には、「その前」があったのです。和歌が急に生まれたのではなく、その前に「言語」＝「ウタヒ」があったとしか考えられません。

「文字」より先に「音」があったと言いたくなるところですが、カタカムナは音声付きの文字記号として伝わっているわけです。どのようにして伝承されてきたのか、私にはわかりません。

ただ、私は実感しています。

カタカムナの音を耳にすると、感応すると、声に出して読むと、日本語についてのアタマの働きが変化します。なんと言えばいいか、言語的に認識が深くなるのです。話す言葉が明快になり、同時に人の話すこともはっきり理解できるようになります。おまけに本がよく読めるようになり、さらには文章が書けるようになるのです。

こうしてカタカムナ音読は、私のメインの教育メソッドになったのです。いまも多くの子供たちの言語能力を向上させています。ぜひ、あなたも実践して、明るい未来をつくってください。

改めて、カタカムナとは何か？

カタカムナというのは、楢崎皐月《ならさきさつき》という天才的科学者よって昭和二〇年代に発見され、解読された超古代文献です。縄文時代以前の日本に存在したとされる、高度な文明の実在を示す書物と言われています。

それは、すべてカタカムナ文字によって詩歌の形式（全八〇首）で書かれていて、歴史書ではなく科学書だそうです。解読した楢崎皐月は、古代日本人が直感した宇宙の成り立ちや特徴、物質の構造や生命の本質、関連して「農業や製鉄技法」「病気の治療法」「人間の考え方（＝人間という存在の捉《とら》え方）」「商人道の心構え」までを説く「哲科学」の書、と解説していたようです。

このカタカムナ研究は、楢崎皐月の弟子である宇野多美恵に引き継がれ、「相似象学会《そうじしょうがっかい》」

という会が研究活動を続けてきました。

「相似象」とは、極微から極大まで同じ「法則」で成り立っていることを意味し、原子構造のモデルと太陽系が似ていることから名づけられたようです。そして、そういった科学的真理の「宝庫」が「カタカムナ文献」だといいます。

宇野先生によれば、カタカムナは、神道の祭祀を司る一団が伝承してきた文献ではありますが、「宗教」ではなく、あくまで「古代民族の直観」に基づく「物理」を表したコトバです。この「相似象学会」の目的も、カタカムナを研究するところにあるといいます。


カタカムナ音読法のすごさを実感し、広めていく活動をしていくと決めたからには、「本家」に挨拶に行かなければならないのは当然です。ある人が研究して伝えたものを、勝手に利用して黙っていては、なんとも気が引けてしまいます。申し訳ない気持ちになります。

本家本元の宇野先生にお会いしようと思っていた、ちょうどそのとき、知人のシャーマン（呪術・宗教的職能者）の女性から、「先生のところに連れて行ってあげる」と言われました。平成八（一九九六）年のことです。

私は宇野先生から聞かれるままに、自己紹介をしていき、伺《うかが》った主旨を伝えました。

「カタカムナ音読会が好評で、これを続けていくとなれば、一度、本家の先生にご挨拶に伺って、そのお許しを得なければならないと思ったのです」

「カタカムナの音読ですか？　やってみてください」

そういきなり言われて、とまどったものの、先生の前で五首と六首を音読しました。私の音読の速さに驚かれていたので、

「子供たちには、カタカムナを一音一音区切って、歌うように読ませます。すると、驚くぐらい国語力が上がっていくのです」

「それは簡単に想像できることと思います……」

先生の事務所にも、私の音読会に出た人から「興味を持ったので、本が欲しい」と連絡があったという。

「カタカムナの音読を続けてもいいですか？」

私の直接的な問いかけに、先生はこう答えてくださいました。

「もちろん構いません。カタカムナは、私のものではありません。日本民族全体のものです。誰が学ぼうが、研究しようが、それは自由です。でも、軸＝本線を外れる人が多いことも事実です。あなたも気をつけてください」

宇野先生に直接お会いして、先生が知性と感受性を体現された「美しい存在者」であることを確認することができました。

しかし、私はカタカムナの八〇首の「ウタヒ」のうち、中心となるいくつかの「ウタ」しかまだ音読できていませんし、理科系は得意ではないので、簡単にカタカムナのことは説明しきれません。興味を持たれた方は、二〇二ページに参考文献を掲載していますので、ご自分で研究してみてください。

カタカムナと『古事記』

私は、カタカムナ研究者ではありません。カタカムナを音読しても、その意味ははっきりわからないというのが正直なところです。

研究者たちはその図象《ずしょう》文字の解釈研究に膨大な時間を費やして、潜象《せんぞう》科学について記されたものであるとしています。それは極めて難解であり、解釈は多様であるといいます。

しかし、常識的に考えれば、言語においては、文字より先に音があることは確定的です。だから、文字の研究よりも、これを声に出して読むことこそが、そのメッセージを感じ取ることになるのではないか、と私は考えたのです。

カタカムナを音読していて、不思議なことに気づきました。なんと、カタカムナにあるひと続きの言葉が、『古事記』の神々の名と一致しているのです。それもひとつやふたつではありません。比較してみましょう。

カタカムナ第七首には、こうあります。

マカタマノ　アマノミナカヌシ　タカミムスヒ　カムミムスヒ

ミスマルノタマ

『古事記』の冒頭は、次のように始まります。

天地《あめつち》初《はじ》めて発《ひら》けし時《とき》、高天原《たかまのはら》に成《な》れる神《かみ》の名《な》は、天之御中主神（アメノミナカヌシノカミ）、次《つぎ》に高御産巣日神（タカミムスヒノカミ）、次《つぎ》に神産巣日神（カミムスヒノカミ）。この三柱《みはしら》の神《かみ》は皆独《みなひと》り神《がみ》と成《な》り坐《ま》して、身《み》を隠《かく》したまひき。

これは何を意味するのでしょうか。

このふたつの文の元ネタは、同じに違いありません。

ふつうに考えれば、カタカムナから『古事記』の神の名はつくれるけれど、『古事記』から神の名だけを抜いてきて、カタカムナをつくることはあり得ません。どう考えても不自然です。

これは、カタカムナが『古事記』に先行する文献であったことを、明らかに示しています。でも、そんなことを信じられるでしょうか……。これまでの古典研究の多くの部分が覆ってしまうことになります。

『古事記』の「序」には、天武天皇《てんむ》の命を受けて、稗田阿礼《ひえだのあれ》が誦習《しょうしゅう》（節やリズムがある音読）したものを、漢字を用いて表そうとすることの困難が述べられています。音と訓を用いたり、訓読だけにしたところもある、と記されています。これは、元のとおりの音では意味が通じるものにはならない、ということを示しています。

この議論を続けるのは本書の意図するところではないので、ここまでとさせていただきますが、私自身がカタカムナ音読の練習をするうちに、そこに際限なく奥深い言語的悟りがある、と確信できるようになったことだけを付記しておきます。

一音一音区切ってカタカムナ音読

和歌とはそもそも「ウタ」ですから、高まった感情を言葉に出そうとするとき、単なる言葉を超えて「ウタイ」になる必要があります。

和歌の元にはカタカムナ音があり、そこに日本語の一音一音性が繋《つな》がっています。カタカムナを一音一音きっちりと大きな声で発生していくと、そこに自ら不思議なリズムが立ち現れてきます。それは「言語」というより「ウタヒ」であり、みんなで大声で斉唱するものである気がしてきます。そこでは「ヒビキ」が「ウタ」に変わっているのです。
和歌を一音一音切ってカタカムナウタヒ読みしてみてください。
次はご存じの方も多いと思われる、百人一首の持統《じとう》天皇の和歌です。

は・る・す・ぎ・てェ！　な・つ・き・に・け・ら・しィイ！　し・ろ・た・え・のォ！　こ・ろ・も・ほ・す・ちょ・う・あ・ま・の・か・ぐ・や・まア！

カタカムナウタヒ、つまりカタカムナ音読法を行うと、日本語のヒビキとリズムが体得されます。
これはまだ意味のある言葉になっていない状態で、その「ベース」にあるものを摑むことなのです。

「音」は、耳から聞こえています。これに対して「ヒビキ」は、脳に直接波動を伝え、これを感受することです。

「波動」はそれだけでは意味として伝えることはできませんが、そこに「リズム」ないしは「テンポ」と思われるものが加わると、まるで異国の曲を聴いてなんとなくその心情がわかるような気になるのと同じようなことが起こるのです。

そしてこのとき、人は「耳」を得ることになります。

この音は何を意味しているのか――。

何度も何度も繰り返し耳にする音。

このような状態で音に耳を傾けるとき、人はそこに言語的意味性を感じ取ることができるようになります。

波動があって、リズムがあって、「耳」ができるのです。やがて、それは脳の発達に伴って、言語の意味性の習得に至ります。

「耳」ができるからこそ、正確な発声ができるようになるのです。

誰もがやるべき言語能力開発メソッドを知ってしまった自分にできることは、これをできるだけ多くの人に伝えようとすることにほかならないことになります。

カタカムナ音読法が人生を変えた

そもそも、私のカタカムナ音読法は、勉強ができない生徒をできるようにするために考案されたものです。これをわりと勉強ができるようになっている生徒に教えると、より早く習得して、さらに学力がグンと伸びることが判明しています。こうした生徒を難関校に合格させるのは、それほど難しくありませんでした。

日本語を勉強している外国人にも試してみました。イギリス人も中国人も、日本語がほかの人たちより早くできるようになったことを確認しています。

つまり、カタカムナ音読法をやれば、だれでも日本語能力が伸びるのです。

それはなぜか？　いまではその理由がはっきりわかっています。

間違いなく言えることは、日本語が一音一音区切れている言語だからです。そして、カタカムナがその大本だからにほかなりません。

このカタカムナ音読法で日本語言語能力が伸びた子供たちは、その後の人生を大きく変えました。家庭教師を生業《なりわい》としている私としては、感無量です。

最近の音読会には、大人の方々も参加しています。そのなかで、実際に日本語能力が伸びた人の例を紹介しましょう。

彼らは、どうして日本語能力が伸びたのか——。ここにこそ、本書を手にしたあなたの人生を変えるヒントが必ずあります。以下に実際に音読で日本語能力の伸びた大人たちの体験談を掲載します。

●娘とともにカタカムナ音読法の効果を実感!——M・Mさん(四〇代・女性)

松永先生の著書は何冊か拝読し、娘と一緒に見様見真似でカタカムナ発声練習をしたこともあった。大人向け講座に子供も参加できると聞き、当時、自主的不登校中だった娘の居場所になれば、と考えたことが受講のきっかけである。

カタカムナ音読法の素晴らしさはたくさんあるが、世の中で認知されているどの教育法よりも優れていることがある。それはコストがかからない点である。書店で本を買い、先生の無料動画をネットから探してきて、自宅ですぐに子供と一緒にスタートできる。それを続けることで効果があるだろう。これは子供への最高のプレゼントになるはずだ。

松永先生が「日本語とは本来一音一音に意味があるのではないか」と発見し、実際に子供に一音一音切って読ませると、難しい古典をスラスラと読めるようになっていったのだ。それだけでなく、読んでいて意味まで伝わってくるのだから驚きだ。

この発声法のあとで『古事記』や『万葉集』『源氏物語』を読んでみると、つまずくことなく、なめらかに読めるので、音読が楽しい。すっかり平安貴族の気分になって、和歌なぞを詠んでいるようで楽しいったらありゃしない。古典文学の背景にある歴史や文化をもっと知りたいと思ってしまった。ね、これが魔法なんですよ。

子供への効果はまさに計り知れず。発声練習をすることで音読以外にも「声が大きくなり自分の意見をしっかり述べられる」「文章を読む力がつく」「頭の回転が速くなり論理的に物事を考えられるようになる」など、効果を発揮するには少し時間は必要だが、素晴らしいおまけがたくさんついてくる。

●自分の書いた文章を音読してみたら——伊藤恵子さん

子供でも大人でも古典を訳さずに楽しめるという、松永先生の言葉を実感しています。そのうえで、一番気づいた変化としては文章が書きやすくなったことです。

メルマガなどを書くときにはけっこう時間がかかっていましたが、いまはアタマに浮かぶ言葉をスラスラ書き進められるようになりました。そして、その文章を少し置いておいてあとで読んでみて、リズムの良いように言葉の順番を変えたり、もっとリズムの良い言葉を探したりなどしています。

そのお蔭で、書くことが楽しく思えるようになっています。

また、自分が好ましいと思っている文章は、リズムの良い文章だと気づきました。

●語り継がれてきた言葉がよみがえる――石田珠理さん

普段、何気なく使っている日本語。あまりに当たり前すぎて、その特徴や魅力などを意識したことはない。だが実際、松永先生の発する音に耳を傾け、カタカムナをはじめとする古典の音読を進めていくと、日本語に対する考えが一変してしまう。なんと奥深い響きを持った、美しく、魅力的な言葉なのだろう。真の響きを捉えて、みんなで音読して共振・共鳴する気持ち良さは格別だ。

「音」を知ることで世界が広がる。

「音」のなかに当時の様子や場面が織り込まれていて、音を再現することで、作者たちの息遣いさえも伝わってくるような感覚になる。一〇〇〇年前の私たちの祖先との邂逅《かいこう》である。なんと厚みのある言語なのだろう。二〇〇〇年以上の長い歴史のなかで積み重ねられ、語り継がれた言葉がここにあるのだ。

「言葉」の認識が変われば、「思考」が変わる。

「思考」が変われば、「行動」が変わる。

「行動」が変われば、「習慣」が変わる。

「習慣」が変われば、「人生」が変わる。

いまの「言葉」の成り立ちとなる、カタカムナをはじめとする素晴らしい古典文学に触れることで、日常の「言葉」の認識が変わり、おのずと「思考」も変わり、その影響は私たち大人にとっても大きなものとなる。

●音読で変わった自分に、自分が一番驚いています――H・Tさん（四〇代・女性）

一番の大きな変化は性格が変わったことです。「言葉が人をつくる」ことを体感しました。

次に、頭がはっきりしたこと。自分のしたいことや伝えたいことがクリアになり、はっきりした言葉を選び、言語化することができるようになりました。

さらに、声を出しているとき、自分のなかで響く音がとても心地よく、自分が好きになれました。

子育てに追われ、家事に疲れ、外に仕事に行くわけでもない私は、母親業をこなしてはいても、劣等感を抱いていました。しかも、けっこう強く。

それが音読をして響きを体感すると、古い言葉になればなるほど、抱え込んでいた後ろめたさや孤独感を吹き飛ばしてくれました。濁っていた頭のなかを先祖代々引き継がれた言葉が、洗い流してくれたように感じています。

一〇〇〇年以上昔の言葉がそのまま読める。意味がわかる。これは世界の言語のなかでも稀少なことだとどこかで読みました。日本語を話せて良かった、と思います。

音読をするようになって、口を大きく動かすことにより顔の形が変わり、表情も変わり、筋肉が動くようになったのか、柔らかく顔全体で笑えるようになりました。

●カラオケで驚いたことが!――I・Tさん（四〇代・女性）

古典音読を続けていると、たとえば早朝の散歩のときに「春はあけぼの。やうやう白くなりゆく山際、少し明かりて……」と、ふとフレーズが脳内に湧き出てきます。それがなんとも自分の体験と言葉が一致していて気持ちいい瞬間でした。体得してゆくというのはこういうことなのだ、と体感できました。

さらに、音読練習を始めて三ヶ月経ったころに、カラオケに行って気がつきました。速いテンポの歌を歌うのが楽になっているではありませんか。若者に人気の速いテンポの歌を気持ちよく歌うことができるようになりました。

●基礎発声でわかったこと――M・Sさん（三〇代・女性）

私は数年前まで小中学校で国語の教員をしていました。授業で何度も音読をして、生徒にもさせてきましたが、すらすら上手に読める子は学力が高く、何度練習しても上手に読むことができない子は学力が低い傾向にあることに気づいていました。けれども「音読の教え方」は誰にも習ったことがありませんでした。そこで出合ったのが松永先生の『カタカムナ音読法』という本でした。

松永先生の音読指導者養成講座（日本語音読道場〈https://honbu.matsunagadojo.com/ondokukouza〉参照）を受けて、基礎発声をしていたころのことです。私が現在働いている塾で、テストの問題文を正しく読むことが難しい小学生に対して、保護者の方と相談して、基礎発声から音読の指導をやってみることになりました。

基礎発声を始めてわかったことは、その子は「ゆ」と「う」の区別がついていないということでした。コロナ禍で長いマスク生活を強いられるなか、ちょうど言語習得をする時期に、口の動きが見えなかったことの弊害かもしれないと思いました。

そしてあるとき、まったく問題を読むことができなかったその子がひとりで問題集を解いていたのです！「読めるの？」と尋ねると「読めるよ！」と笑顔で答えてくれたのです。ゆっくりではありますが、ひとりで読めていることに驚きましたし、保護者の方もとても喜んでくださいました。

●段階的にできるようになり自信がつきました——S・Mさん（二〇代・女性）

音読を習慣化した結果、作品の成立年代を問わず文章を声に出して読むだけで、意味がわかるようになりました。英語を日本語に訳すときのような考える時間も不要で、音読するスピードのままで意味が通り、文章から情景が浮かぶようになりました。いまでは、現代文と大きな差異がありません。

また、副産物として実感できた効果もいくつかありました。

音読で名文のリズムを感じることによって、作文が書けるようになるだけではなく、文章の推敲《すいこう》が速く、より良くできるようになりました。声に出して自分の文章を読んでみて、リズムに違和感があるときは、なんか変だなとすぐに気づくことができます。名文の「違和感のない良い文章の状態」が身体に染みついていると、変な文章にすぐに違和感を覚え、手直しができるようなのです。

古典の名文を繰り返し読んでいると、「読める→なんとなく意味がわかる→すんなり意味がわかる→文章が書ける」と、段階的に自分ができるようになっていくのがわかりました。

発達障害などで学校に馴染めない、自信をなくしがちというお子さんにもぜひ音読をやってみてほしいと思います。

また、私は聴覚過敏で大きい音や雑音が過度に苦手、聴力は問題ないのに人の声が聞き取りづらいという特徴があるのですが、音読で一音一音の違いがはっきりとわかると、以前より聞き返す回数が減りました。音読には、リスニング力を上げる効果もあると感じています。

●カタカムナ音読法をビジネスにも生かしていく――K・Tさん（四〇代・男性）

ビジネススキルでは「トップマネジメントでは『コンセプチュアルスキル』の比重が高い（重要）！」などと言われる。クリティカルシンキング、ラテラルシンキング、プレゼンテーションの類だが、これらすべては「言葉」が必要である。「〜シンキング（思考）」も「自己内対話」として、頭のなかで言葉を操り、自分に話しかける必要がある。

ビジネスに限らず、人間らしい生き方の土台、すべてに、言葉（言語、母語、日本語）がある……。言葉が整えば、生活のすべてが整っていく、というのは言いすぎだろうか。

日本における言語力の危機、向上の重要性は近年、よく売れたいろいろな本のタイトルからも痛感していた。間接的だが学校教師などからも、子供の国語力、言葉の力が壊滅的になっていることの憂慮は聞いている。

子供大人関係なく、言葉の力を向上させることで、誤解やコミュニケーション不足からくるトラブル、心の病気など、多方面の改善が期待できるのではないだろうか。他者と意思・気持ちを自由に通い合わせることができれば、豊かで平穏な社会になるのではないか、と思っている。

YouTubeやTikTokなど、映像全盛時代ではあるが、「逆張り」「アンチテーゼ」「温故知新（?）」として、日本人の日本語力（言葉の力）底上げに微力ながら、尽くしていきたい。

●音読から始まる、表現力向上の可能性——K・Mさん（五〇代・女性）

「音読」を実際に学んでみて、読解力の向上はもちろん、ほかにも集中力の向上、コミュニケーションスキルの向上に繋がると感じた。

文章の意味は二の次で、何度も繰り返すうちに、いつのまにか音読に没頭していく。没頭する瞬間、つまり集中スイッチを手に入れれば、「そろそろ、勉強しようか」というときに、切り替えられる。

母音、子音を意識し、声を脳に響かせる習慣は、話すこと、書くことの苦手意識を軽減させるのではないだろうか。話すことも、書くことも、いかに多くの文書を読むか、話し上手な人の話を聞くか、経験の上に成り立っている。「音読」はその経験を効率よく吸収できるスキルになる。

今後は音読指導を通じて音読の可能性と有用性を探りつつ、学びを深めていきたい。

●私の声に合わせるように孫が音読——K・Kさん（七〇代・女性）

不登校の孫の学習のために、と音読を始めた私でしたが、孫のことはまったくと言っていいほど気にかける余裕もなく、ただ毎日課題の古文を大声で読み、動画を見てまた音読をする、を繰り返していただけでした。

そんなある日、孫が突然、私の声に合わせるように『竹取物語』を暗唱したのです。はっきりとした発音で、抑揚をつけて、とても上手に読んでいきます。これにはビックリ。

「上手、上手、すごく上手！　アナウンサーみたい！」と褒《ほ》めると、ニッコリして一度も開けていなかった国語の教科書を持ってきて、読みはじめました。これもスラスラ上手に読めます。算数の説明文も音読して自分でその通りにやってみます。

「正解だよ。すごいね、できたね！」

まるで奇跡のようです。何も教えていなかったのに、ちゃんと教えていたかのようなこの変わりよう。何も始めていないと思っていたのに、私の「音読」を通じて、孫のなかで自動的に何かが始まっていたようです。

●作文にも効果てきめん！――K・Nさん（四〇代・女性）

古典音読を経験し、「脳に音を響かせる」ということが日本語本来のリズムを感じ、その場面のイメージや情感を感じとれると実感しました。良い文章をたくさん聴いて、たくさん声に出す、英語も日本語も語学として通じるものがあると感じています。

この文章を書いているいま、不自然な箇所や表現は、黙読してもわかりにくいので、声に出して読みながら直していくほうが断然速く進みます。このことからも、作文など書く場面においても音読はとても効果があると感じます。

●娘も私も、音読で変わりました――濱節さん（五〇代・女性）

「言い間違いが多いから、音読して直るならやってみたい」と、娘から言われていたのですが、男性の声や大きな音などが苦手な娘は、私が一緒に練習しようと言うと、とても嫌がりました。どうしても一緒に読むことができません。

ただ、私がやりたい気持ちは尊重してくれていたので、車のなかで音読のCDを流すこと、一緒に私が音読することはOKしてくれました。

そのうち、娘の言い間違いが減ったことに気がつきました。本人はあまり自覚していないようです。言い間違いが減ったためか、自分の気持ちをスラスラと伝えてくれるようになりました。以前はこちらから「こういうことかな？」と聞かないと、なかなか話してくれなかったので、成長というだけの理由ではなく、私が音読していたことが関係しているいと感じます。一緒に音読していたわけではないので、どうしてか不思議でした。

私の効果は、人とのやり取りにイライラしなくなったということです。一一年間の親の自宅介護中は看護師・介護士・家族・ケアマネージャー以外との会話がなく、人と話をすることがとても億劫《おっくう》になっていました。相手が何を言いたいのかがよくわからず、ストレスもありましたが、何かものを頼まれるたびに怒っていたような気がします。

音読をすると、頭がすっきりする。自分の声が響くととても気持ちが良い。小さい声で話しても、口の形に気をつけながら話すとちゃんと伝わるようになりました。相手の話も、しっかり聞き取れるようになり、受け応えもしやすくなりました。

『古事記』が読みたいと始めた音読でしたが、自分のコミュニケーションの変化に繋がるとは考えていなかったので驚いています。

●就職支援にも取り入れたい音読法――S・Nさん（四〇代・女性）

私は仕事で若い人の就労支援をしていますが、就職活動をするときには、面接で話をするとか、履歴書に志望動機を書くなど、話したり書いたりする必要があります。

彼らに「志望動機をどう書くか」指導をしていますが、近年若者は、就職面接で想定していない質問をされたり、履歴書に書いてある事柄に対して、深く質問をされたりすると答えられないのです。

どうやら、彼らには国語力が育っていないのではないか、という思いに至りました。そんなとき、松永先生の『カタカムナ音読法』を読みました。

「古典を音読するだけで、本当に国語力が高まるのだろうか？」

半信半疑でしたが、やってみたらわかるだろうし、教え方や理論がわかったほうが納得できるだろうと考え、日本語音読道場の指導者養成講座を受けてみることにしました。

四ヶ月の受講で、大きな変化がありました。言葉が出やすくなってきたこと、声がはっきり出せるようになったこと、報告書作成の速度が上がったことの三つです。このことで、私自身はもちろん、周りの人たちにも驚かれました。

これは、ひとえに私自身の国語力が上がった結果です。受講を終えたいま、この音読法を就労支援にも実験的に取り入れてみようか、と考えているところです。

●音読は、潜在的なものを目覚めさせる——石田孝子さん（四〇代）

ただカタカムナに興味があり、それを深めたい。そんな思いだけで日本語音読道場に入ってしまった。日本語の発音、カタカムナの音読、これらを学べるというのは新鮮で、とても楽しかった。ただ……私は家庭教師でもなければ塾講師でもない。ましてや古典が好きなわけではないのだ。ということで、開始早々、私は途方に暮れた。これを「落ちこぼれ」ともいうのだろう。

それでも否応なく音読の日はやってくる。上手く読むことができない私にとって、自分の順番が回ってくるのは恐怖そのものだった。仕方がない。練習するか。せめて恥をかかない程度に……。

日本語でありながら読めないという屈辱とともに、まるでカタコトの外国人が日本語を学ぶように、一音一音、難解な古典を無機質に繰り返す。恥をかかなければそれでいい。それだけで良かったのだ。

ところが……一音一音読みを繰り返すと、いつの間にか、あの謎でしかなった文章が読める。わかる。気持ちがわかるというか、雰囲気が伝わるというか……そんな瞬間がこの私にもやってきたではないか！　その景色や状況、登場人物の心情までもが浮かんでくるかのように、確かに感じられるのだ。なんだ？これは……？？

驚くことに、古典は、面白かった。遥かなるときを超えて、とある人物のとある日常を、垣間見けりなのだ。人の感情の動き、自然の美しさ、ときに緊迫感、ときに切なさ、やるせなさ、痛切に思い知らされる無常……喜びも悲しみも、圧倒的な背景とともに物語が私の心に映りだす。まるでときを超えた友人からの手紙を受け取っているかのようだ。当時の季節の色や香りまで同封されているかのごとく、空気感が漂うのだ。なんということだ。落ちこぼれにも意味が理解できるではないか!!

それは助詞や助動詞がどうのとか一切関係のない世界での出来事、感覚なのだ。ほんの数文字に膨大な情報が込められている。日本語の計り知れないポテンシャル。

ハッとした。なるほど！……そういうことか!!　このとき、松永先生のおっしゃることが、初めて体感できた。

『常陸《ひたち》風土記《ふどき》』には〈昔、天地の初め、草も木も言葉を語ったころに、天より降り来たった神があった。〉という一文がある。草も木も語っていたのだ。恐らくはいまも語っているに違いない。ただ、人間が聴く耳をなくしてしまっただけだ。カタカムナ音読法はその耳を、つまり失ってしまった感性を、閉ざされた直観を、取り戻す力があるのではないだろうか。

私は歴史に埋もれていく超古代日本を子供はもちろん大人にも知ってほしい。伝えていきたいのだ。あらゆる一族が、それぞれに残した伝承を知ることは、歴史をいろんな角度から見ることを可能にする。決して一辺倒ではない、歴史の表情が各自のなかで構築されていく。解釈は自由。ただ、この文献にはこう書いてあるという事実のみを音読とともに伝える。

飽和しきった現代に求められているのは、左脳的な論理・分析よりも右脳的な感覚・直観であることは間違いない。左脳の完成形がＡＩなのだとしたら、それを使いこなす感覚・直観は絶対的に必須だ。さもなければ人類はＡＩに呑み込まれるだろう。

以上の体験談こそ、日本語能力を向上させることは、社会人になってからもできるという好例です。

第三章

カタカムナ音読の発声法

最大限に口を開いて「ア」

それでは、カタカムナ音読法の実際のやり方について解説していきます。といっても、カタカムナ音読をするときの声の出し方というものを、果たして文章で上手くお伝えすることができるのか――。とても難しいことは承知のうえで、がんばって書いてまいります。

これは文章伝達の精いっぱいの試みですので、わかりにくいと感じられる方は以下の動画を参考にしていただきたいと思います。

・「日本語音読道場」公式サイト（https://matsunagadojo.com/）
・「音読道場」YouTube（https://www.youtube.com/channel/UCz0Pb30L8kOs84wxU6lmdiw）

二〇五ページに、それぞれにアクセスできるQRコードが掲載されています。

用意するのは、手鏡だけです。自分の口がよく見えるものを選ぶようにしてください。

では初めに、母音「ア」の音。

ご自分の口を最大限に開けてみてください。

できるだけアゴを引いて、思いっきり口を開けます。

最初は、痛いぐらいのつもりがいいです。

唇を硬くしないでください。

外へ唇を剝くような感じです。

歯医者で思いっきり口を開けたときの形。

大きなハンバーガーに思いっきり食らいつこうとするときの口。

ヘビが鳥の卵を吞み込むとき、最大限に開けた口。

ア!

どうですか、できましたか?

最初はアゴの付け根をコリコリとマッサージして、弛《ゆる》めておくのも良いと思います。

さあ、発声です。

最大限に口を開いたまま、「ハーハー」と息を出す音を出してみてください。

アゴを完全に開いたまま、唇を外側に開放して、大きく口を開いて、「ハーハー」とやってください。

これができたら、次に進みます。

「ハーハー」の音に「ア」の音をかぶせてみます。

息を吐くときの延長線上で、口のなか全体が響くように「アー」と発生してください。

しばらく「アーー」と練習してみましょう。

できるようになったら今度は、その音を徐々に強めていきます。音が高くなってもかまいません。

「アーーーー」

「アーーーーー」

「アーーーーー」

何度かやってみてください。叫ぶくらいやってください。

次に、口は元のままで、その「アー」を拡張して、強くしっかり切って「ア！」と発声します。

声を変えてはいけません。

「アー」のときの響きを保ったままで、口腔《こうくう》内全体を響かせて、まるで人に何かを喚起するときのような声で高らかに、もしくは、何かを発見して思わず指を差しながら「ア！」と言ったときのように強く発声してください。

アゴや口の形を意識して行うと、アの口の形で開いたときは、口腔の容積がまるで頭蓋《とうがい》の半分近くあるような感触があるはずです。

このとき、顔全体の筋肉も拡張されています。

とにかくノドではなく、口のなかの粘膜全体が響いている感触で、可能な限り大声で「ア！」と叫ぶ。

ふだんスポーツやカラオケなどを嗜《たしな》まない人は、なかなか大きな声を出す機会や習慣がないかもしれません。あとでわかることですが、これをやるといろいろとお得なことが出てきます。

とにかく人間でありさえすれば、誰でもできるこの究極の母音「ア」の音を、まず初めになんとか体得してください。

なにも、そんなに難しいことではありません。誰でもできることです。

口を最大限に開けて、ありったけの大きな声で練習すれば、必ず到達します。海の向こうの遠くの人にでも聞こえるような、「ア」の音。

何かを発見して驚いたときのような、口をあんぐり開けた、「ア!」

我々が海洋民族であるとして、丸木舟に乗って航海するときに、波と風のある海の上で、遠くの舟にいる仲間に聞こえるかのように発生する、「ア!」の音。

これが、カタカムナの「ア」です。

アゴの開きを意識して「オ」

次に「オ」の音。

「ア」で思いっきり口を開けて、アゴを引いたままの状態で、唇を前に硬くすぼめてきて発声するのが「オ」の音。

口のなかに縦長のほら穴ができて、そのほら穴の内側を響かせて出す音。

まるで船の汽笛が鳴るように、「オーオーオーオー」

アゴを思いっきり引いて、唇を硬くします。

オ!

そして、頬の内側の空間を響かせて、「オ！」

前の「ア！」とこの「オ！」――どちらも、この発声で動くのが、唇だけであることを確認してください。

余談になりますが、私は自分で鏡を見てやると、この「オ」のときの顔が一番おかしいと感じます。

アゴの開きを意識して「イ」

次に「イ」の音。

上下のアゴは、最大限に開ける、普通にちょっと開ける、完全に閉じる、の三段階があります。最大限に開けるのが「ア」と「オ」。普通にちょっと開けるのが「イ」と「エ」。完全に閉じるのが「ウ」ということになります。覚えておいてください。

イ！

「イ」は普通に上下のアゴがちょっと開いた状態で、唇の筋肉を硬くせずに、外側にやや解放します。

その感触を意識して、頬の筋肉で思いっきり左右に引っ張った状態でやってください。

「痛い！」の「イ！」です。

最初は指で唇を左右に引っ張って、幼い子供が敵対心を持った相手に向ける「イー！」をやってみてください。


できましたか？

これはまた、「ア」の口の形で、頬の筋肉を弛めずに噛み下ろした形と言ってもいいかもしれません。

もし、歯の前のほうで音を出している感触がある人は、すぐに修正してください。

コツとしては、横へ引っ張ったときの歯の裏の唇全体が「イ」の音を出しているようにすることです。

「シーー」と声を出してみたあと、それに連続して「イー」とやってみるといいかもしれません。

アゴの開きを意識して「ウ」

次に「ウ」の音。

「ウ」は上下のアゴがくっついて、口腔内に空間がない状態です。

しかし、音は空気を通じて伝わりますから、まるでストローで吸うときのように少し唇をすぼめて、やや空間をつくります。その状態で、唇だけが鳴っていることを確認して「ウー」と発声してください。

また「フ」とやって、その口の形を変えずに「ウ」とやるのもいいかもしれません。

これは、比較的やさしいと思います。

赤ちゃんでも、最初からできる口の形ではないでしょうか。

ウ!

少しやっかいなのが「エ」の発音

次の「エ」の音は、ちょっと手こずるかもしれません。

試しに「家《いえ》」と発声してみてください。

舌の上を使うか、使わないかの違い以外、口の形がほとんど変わらなかったと思います。

でも、それはヘンです。なぜかというと私は、

「母音の口の形は、人間の出す究極の音の形をしているはずだ」と考えているからです。だから「イ」と「エ」の口の形が同じであるはずはありません。

どなたでもやってみれば認識できるはずですので、こんなことを試してみてほしいと思います。

口の形は「ア」だけでなく、「イ」や「ウ」や「オ」でも、どの口の形でもいいので、とにかく舌の上を響かせて、「エ」と発声してみてください。

がんばって出そうとすれば、どの口の形であっても、それぞれ「エ」と発音できるはずです。ご自身で確認してみてください。

エ!

「アエ」
「イエ」
「ウエ」
「オエ」

どうですか？　どれでも、舌の上を響かせば、口の形を変えずとも、まあなんとか、「エ」と言えます。

これは何を表しているかと言うと、じつは「エ」の口の形は乱れていると思われるのです。

では、どうやるのが正しいのでしょうか。

アゴは「ア」から徐々に小さく閉じていき、「イ」を経過して、「ウ」で一度閉じます。そして、最後の「オ」でアゴがまた最大限に開くのであれば、「エ」は「ウ」と「オ」の中間のアゴの開き方、つまり「イ」と同じポジションになります。

少しわかりにくい説明になってしまいますが、ご容赦ください。

この連続的な唇の働きというのは、最大限弛めて拡張した「ア」から、やや緊張を解いて横に引っ張った「イ」を経過して、次の「ウ」でやや硬くなり、ここで最大限にアゴを下げて唇を硬くすると、「オ」になります。

ご自身でトライして、確認してみてください。

大事なことなので、私が辿《たど》り着いた結論を述べておきます。

唇の軟らかい「ア」から「イ」になって、唇を硬くしはじめる「ウ」から「エ」になって、最大限に唇が硬い「オ」になるわけです。

これはどういうことかというと、「エ」は「ウ」から唇を弛めないで、横の筋肉は「イ」でやったから、今度は縦の筋肉で上下に少しだけ開けます。

顔を横に広げる「イ」の筋肉は使いません。そうして、思いっきり効果的に舌の上を響かせます。

こうしたものになるだろうと、私は結論づけています。


では、ここで「イ・エ」の練習をしてみましょう。

注意する点は、「イ」とやって、口をそのまま「エ」と発声しないこと。

唇を弛めて、さらに思いっきり横に引っ張った「イ」の口の状態から、今度は唇を硬くして、「ウ」の形に戻してから、「イ・エ」と練習してください。

「エ・イ」と言うときの口の動きと逆になります。

母音発声の仕上げとして、連続して「ア！　イ！　ウ！　エ！　オ！」と区切ってやってみましょう。そのとき、口の形と音を必ず確認してください。

あと、途中で切らずに「ア〜イ〜ウ〜エ〜オ〜」とやってみること。そうすると、口の筋肉の動きがよく確認できると思います。

子音の発声練習は「ワ行」から

母音が完全に発音できるようになったら、今度は子音です。

まず、ひとつの実験にチャレンジしてみましょう。

口を最大限に開いて、「カ」と大きく発声してみてください。

次に、そのときにつけた母音の「ア」を消去してください。ローマ字で書くとわかりやすいかもしれませんね。「ＫＡ」の母音は「Ａ」です。

できたでしょうか？　ちょっと難しかったかもしれません。

これができた人は、音感が超優秀な人です。ふつうは、できなくて当たり前のこと。我々はカ行の音をどうやって出しているか、その出し方をわかっていません。じつは、幼児期において、カ行の音を耳で聞きとって、それを再現できるようになっているのです。ここに、幼児の異常な聴力の存在が暗示されています。だからこそ、幼児への正確な音の伝授が大切なことが、浮かびあがってくると思います。

これは、単なる「カ!」ではありません。

そこには、微妙に異なったさまざまな発声方法があることだと思います。人それぞれの発声の習慣により、微妙に異なったさまざまな「子音」が存在する可能性があるのです。

ここでは、それをひとつの音に「特定」化していきます。

そのためには、まず「ワ行」を使います。

ワ行の子音は、じつは母音の「ウ」です。「ワ」と言うためには、まず口の形を「ウ」にする必要があります。

最小の「ウ」から最大の「ワ」に急変して「ウワッ」と言うから、驚かせることができるのです。母音の「ア」では、何かがあることを示すだけになります。

「ウ」の形をしてから、母音を付けます。
さきほどの母音の口の形と発声でやること——これが肝心です。

ウワァ！（ワ）
ウィ！（ヰ）
ウ！
ウェ！（ヱ）
ウォ！（ヲ）

まず一度、やってみてください。
唇がどのように拡張されるのか、あるいはすぼめられるのか。これを意識、実感してください。

起点の口を閉じた「ウ」の状態から、「ア」の最大限に急拡張する音が「ワ！」
人間が他人を驚かせるときに用いる言葉の「ワ！」

「ア」は何かに対する反応を表す言葉ですが、「ワ！」は自ら他者に強く働きかける言葉です。

「ヰ＝ウィ」は英語の「Ｗｅ」と同じ。

「ウ」は「ウ」のまま。ア行音の「ウ」と同じ。

「ヱ」は「ウェ」。下にルをつけると、英語の「Ｗｅｌｌ」と同じ発音。

この「ウェ」は、いまは使われなくなっていますが、昔は「木をうゑる（植える）」、「ウヱ木屋（植木屋）」などと発声しました。

最後の「ヲ＝ウォ」は、「ウォ」であり、「オ」ではありません。

家庭教師のプロとして言わせてもらえば、国語の授業で「をかし」に「おかし」と振り仮名をわざわざ振らせるのは、最低の教育だと思います。それではオカシくなってしまいます。

「ウォ」とやらないと、発見のニュアンスが出ません。

さらに言えば、「をかし」は「趣がある」とよく現代誤訳されますが、これでは意味がわからなくなってしまいます。

また、「あはれ」も「しみじみとした情趣がある」とか現代誤訳されることがありますが、これも聞き捨てならないこと。「をかし」は「あはれ」と違って、脳内判断を含む言葉。これに対して、「あはれ」は体で感じています。

たとえば、いつも歩いている道端にある木に花が咲いていて、「オ！　いいね」と判断するとき、これは頭のなかではそうではないときと比較しているのです。つまり、やや分別的な判断で「いい」と感じているわけです。これを「をかし」といいます。

「ウォカシ」と発声してみてください。ソノ「ウォ」音に、発見のニュアンスがあることが感じられると思います。

これに対して「あはれ」は、まるで富士山の頂上からご来光を眺めたときのように、思考回路を経ることなく、また脳内でほかのものと比較することなく、身体全体が感動しているニュアンスがあります。

発声してみてください。

「あはれ」

「をかし」

「あはれ」は身体で、「をかし」は頭で感じていることがわかると思います。

このあたり、標準語で表せないニュアンスがあることがわかります。

このように、ワ行音は「ウ」の口が子音で、母音を付けて発生する音であることがわかります。

ご理解をいただけないようなら、ここまでの本項の文章をもう一度、じっくり読んでみてください。

そして理解できたところで、もう一度、大きな声で言ってみましょう。

ワ！

ヰ！

ウ！

ヱ！

ヲ！

「ごはんを（ウォ）食べる」と言うようにしましょう！

いまでは使われなくなった「ヤ行」の発声方法

さて次は、ヤ行を練習してみましょう。

なぜ、ヤ行を先にもってくるかというと、ヤ行の子音も母音を利用するからです。

みなさん、ヤ行で利用する母音がわかりますか？

普段は意識していませんが、それは「イ」なのです。


では早速、発声練習をしてみましょう。

頬の筋肉を思いっきり横に引っ張って、「イ」と言った直後に「ア！」を付けて発声してください。

「イ・ア！」

もっと速く発声してみてください。

「イ・ア！」

どうですか。速く発声すると、どうしても「ヤ」になってしまいませんか。「イヤ」じゃないですよ。「ヤ」ですからね。

「イア、イア、イア、ヤ！」

次の「イ」は「イ」。そのまま変わりません。ア行音の「イ」と同じ。

その次は「ユ」。これも「イ」の横に引っ張った口の形から、急に口の一番小さな「ウ」になります。

「イウ、イ・ウ、ユ！」

次が難しい。「イ」から「エ」への口の変化です。

「イェ」

これを速く発声しようとしてみてください。

「イエ、イエ、イェ」

いまでは使われなくなっている音だから難しい。しかも、表記さえされなくなってしまっています。英語の「Yeah」と同じと思うとやりやすいかもしれません。

これはやはり、ヨコに引っ張った「イ」の口の形から、唇をやや硬くする「エ」の形に移るのがやりにくいためだと思われます。

最後が「イォ」。これは「ヨ」「イョ」、イ〜〜ヨッコラショの「ヨ」。

ひととおりできるようになったら、おさらいです。
大きな声で発音しましょう。
ヤ！（イア）
イ！
ユ！（イウ）
エ！（イエ）
ヨ！（イオ）
慣れない練習で、少し疲れているかもしれませんので、あわてて先へ進むことはありません。
明日はア行、ワ行、ヤ行のおさらいをして、それから次の「カ行」へ進みましょう。

コツが摑めてきたところで、「カ行」です

まず、母音の発声をして、それが前日より深まっていることを確認してください。

それでは大きな声で。


「ア！」

「イ！」

「ウ！」

「エ！」

「オ！」


口の形、正しくできましたか。

そして、響きのある発声ができましたか。

できたことを確認したら、カ行に進みます。


まず、「カ」と言ってみてください。

アの母音をきちんと発声して、すぐに口を閉じないで、そのまま止めてください。

次にその口の形のままで、「カ」の音を出そうとすると、どんなことを口のなかでしているか――よく観察してみてください。

おそらく、ノドの奥でややかすれた音を出していることがわかるはずです。

もう一度、やってみましょう。

まず、ノドから息を出して、わざとかすれて、ささやくような声で「カーカー」と言ってみてください。ついでに「クークー」もやってください。

一回目は理解がなかなか難しくても、このとおりに繰り返していると、コツが摑《つか》めてきます。


それでは、母音「ア」を付けて、はっきり発声してみましょう。

「カ！」

口は「ア」の形で大きく残し、子音と母音の結合を観察します。


次は「キ」

かすれ声を出しながら、頰の筋肉を思いっきり横に引っ張って「イ」を付けます。

「キ！」

気合いを入れて、大きな木を指して「キ！」

次は「ク」

唇を硬くします。

「クックックックウー」と伸ばして発声してみてください。

次は「ケ」
口の形に注意して、クックックック「クェ＝ケ」

最後は「コ」
これも、クックックック「クォ＝コ」

最後に、一音一音ゆっくりと、大きな声ではっきり言ってみましょう。


「カ！」

「キ！」

「ク！」

「ケ！」

「コ！」

歯を用いて「サ行」

サ行は、空気が歯の間から外へ漏れる音。

歯がない人には、出せない音です。歯がない人が発声すると、「ハヒフヘホ」になってしまいます。

そこのところを意識して、サ行音のやり方はこうです。

歯を用いて「スーー」と伸ばして発声しておいて、「ア」をくっつけます。

そして、口を開いたまま、いったん止める！

「サ！」

同じように、歯から空気を漏らしながら、「イ」の口の形にして「シー」、母音をはっきりつけて、

「シ！」

以下は同じようにして、「ウ」の口の形にして、

「ス！」

「エ」の口の形にして、

「セ！」

「オ」の口の形にして、

「ソ！」

歯から空気が漏れる感じが摑めれば、サ行は卒業。

舌先を弾いて「タ行」

タ行の子音は、舌先を弾く音。タ・チ・ツ・テ・ト。

これも母音をしっかり付けて、

「タ！」

「チ！」

「ツ！」

「テ！」

「ト！」

本来、「チ」は「ティ」になることもあり得ますが、ここは日本語らしく「チ」に統一したいと思います。

唇をくっつけない「ナ行」

ここで、質問。

「ナ行の子音がわかりますか？」

ナ行を発声してみましょう。

「ナ・ニ・ヌ・ネ・ノ」

何か気づきましたでしょうか。

ナ行の子音は、唇をくっつけずに鼻へ抜く音なのです。

「ンーン、ンーー」

鼻がむずがゆくなるくらい、繰り返しやってみてください。

これができたら、その音に母音をくっつけていきます。

「ンーナッ」

「ンーニッ」

「ンーヌゥ」

「ンーネッ」

「ンーノッ」


これを続けて、速く言ってみましょう。


「ンーナ！」

「ニ！」

「ヌ！」

「ネ！」

「ノ！」

唇をくっつける「マ行」

マ行の子音もナ行と同じで、鼻に抜く音です。ナ行と違う点は、マ行では唇をくっつけます。

「ムーマッ」

「ムーミッ」

「ムーゥ」

「ムーメッ」

「ムーモッ」

ナ行との違いを感じてください。

では、続けて速く言ってみましょう。

「ムーマ！」

「ミ！」

「ム！」

「メ！」

「モ！」

息を出す「ハ行」

ハ行の子音は、息を出す音。

「ハーハー、ヒーヒー、フーフー、ヘーヘー、ホーホー」

みんな息が出ています。

試しに、手のひらに向かって「フ」と言ってみてください。息が出るのがわかって、ハッとすると思います。

ちなみに、日本語では「吹く」と言うのですから、なんともおもしろいものです。

ハ行の練習は、まず母音を言ってからやります。

「アー」と大きく口を開いて発声して、そのまま「ハ」に変えてみてください。

「アハハハハ」とやってみるのもいいでしょう。

「ハ!」

次の「ヒ」も同じ。

まず「イー」とやっておいてから、

「ヒ！」

女の人の「ヒィー」という叫び声。

次の「フ」は、母音の「ウ」の口の形から息を吹き出すだけ。母音をちゃんと発音してください。

「フーゥ！」

「ヘ」は、確実に空気を漏らして発音します。

ちなみに、おならは「ヘ」。空気が漏れないと、おならにはなりません。下ネタで失礼しました。

「ヘッ！」

「ヘーッ！」

最後の「ホ」は、口を完全に「オ」の形にして、まるでフクロウのように、

「ホーホー」

頬のことを「ほほ」と呼ぶのもおもしろいと思うのは、私だけでしょうか。

「ホーッ！」


「オホホホホ」

「エヘヘヘヘ」

「ウフフフフ」

「イヒヒヒヒ」

「アハハハハ」

息が出ていることを確認してください。

口の形をしっかりする「ラ行」

ラ行の子音は、舌を上へ持ち上げて、上歯の裏側の天井のところで震《ふる》わせる音。

「ラララララ」

ポイントは口の形。これさえしっかりしていれば、ラ行の音をはっきりと発音することができます。

「ラ！」

「リ！」

「ル！」

「レ！」

「ロ！」

もう一度、できるだけはっきりと発音してください。

「ラ・リ・ル・レ・ロ！」

ラ行の音は、とかく動詞や助動詞について変化するので、しっかりと聞き取れるように、はっきりと発声することが大切です。

以上、カタカムナ音の発声方法でした。

最後に、母音の口の形を確認するために、一音一音区切って横に、ア段からオ段まで読んでみましょう。
まずはア段。
「ア・カ・サ・タ・ナ！
ハ・マ・ヤ・ラ・ワ！」
次にイ段。
「イ・キ・シ・チ・ニ！
ヒ・ミ・イ・リ・ウィ！」
次はウ段。
「ウ・ク・ス・ツ・ヌ！
フ・ム・ユ・ル・ウ！」
続いてエ段。

「エ・ケ・セ・テ・ネ！
ヘ・メ・イェ・レ・ウェ！」

最後にオ段。

「オ・コ・ソ・ト・ノ！
ホ・モ・ヨ・ロ・ウォ！」

カタカムナ音の発声を、自分のものにしてください。これがきちんとできて初めて、日本語力向上への道が開けます。がんばって！

第四章

カタカムナ「ウタヒ」の音読

カタカムナの音読を始めてみよう

何度かの練習で、母音と子音の口の形と発声を完全にできるようになったら、いよいよカタカムナの音読に入ります。

次ページにあるのは、カタカムナ文献にある第五首と第六首を描いたものです。中心から右回りに、仮名が振ってあります。これを一音一音切って、歌いあげます。

すでに述べたとおり、カタカムナは『古事記』に先行する超古代日本語なので、これに接して「感応」すると、言語脳に新しいソフトが送り込まれます。

そして、誰でもその日本語が徐々に深まって、使いやすくなっていきます。

もちろん、そのためには、きちんと良い音で発声できるまで、日々練習する必要があります。

とても大事なことなので繰り返しますが、ここまで練習してきたとおり、母音の口の形と発声、子音の正確な発声が大切です。日本語の一音一音に思念を込めて発声することを忘れないでください。

意味を考えるのを一度やめて、音で聴き直す必要があります。大切なのは「リズム」と

カタカムナ　第5首

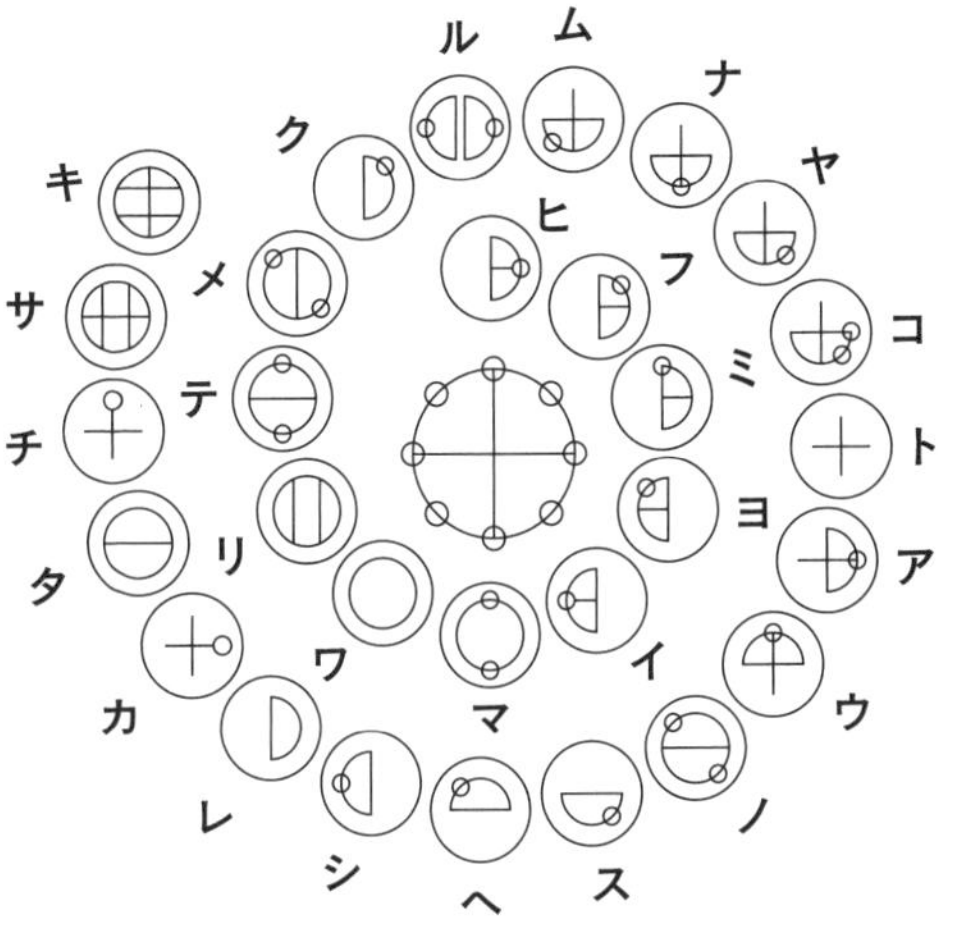

カタカムナ　第6首

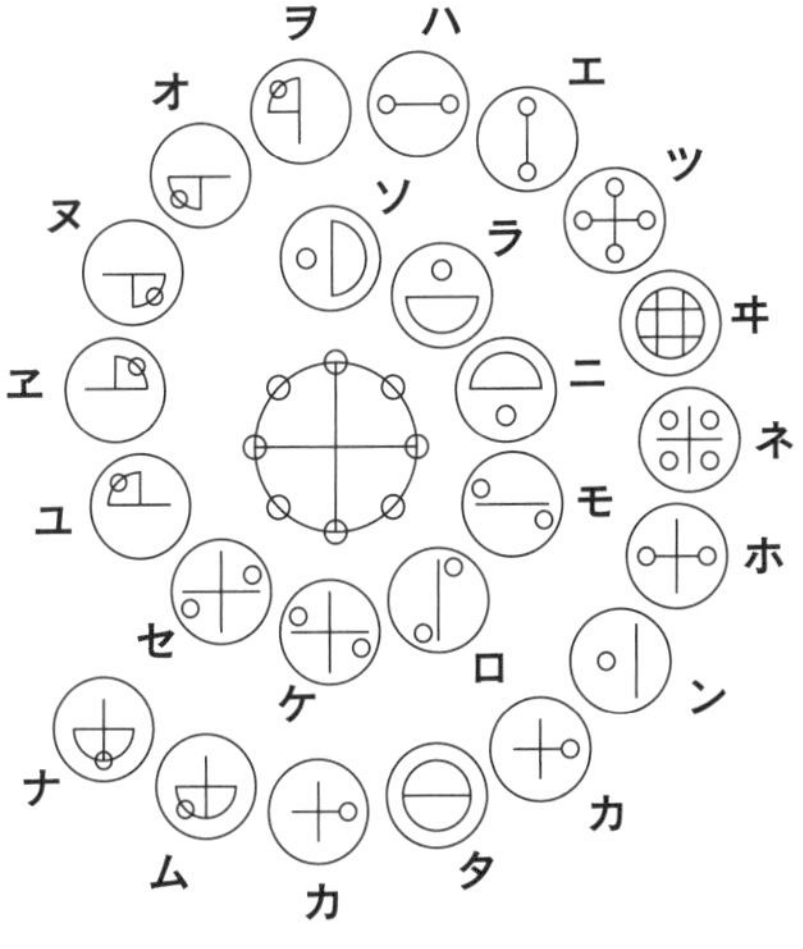

「ウタヒ」です。

カタカムナ第五首と第六首を音読してみましょう

一音一音切って、まるで一音一音うなずくように、ゆっくりと声を出して読んでください。音程は上下させません。ラならラの音の高さで連続します。

ヒーフーミーヨーイー

マーワーリーテーメークールー

ムーナーヤーコートー

アーウーノースーヘーシーレー

カーターチーサーキー

ソーラーニーモーローケーセー

ユーヱーヌーオーヲー

ハーエーツーヰーネーホーンー

カーターカームーナー

「ユヱヌオヲ」の「ヱ」は「ウェ」、「ヲ」は「ウォ」

「ハエツヰネホン」の「ヰ」は「ウィ」

以上、最後の「カタカムナ」を除き、残りの四八音に重なるところはありません。

この四八音こそ、日本語の基底音なのです。これを完全に発声できるようになれば、日本語の原音がすべて正確に体得されたことになるのです。

ヤ行音の「イェ」はありません。「イ」はア行の「イ」と重なり、ワ行の「ウ」もア行の「ウ」と重なります。そして「ン」が加えられます。

（子音10×母音5）−1−2＋1＝48。つまり、ヨソヤコト（四十八言）となるわけです。

ここには四八音が一度ずつ出てくるので、その意味でも初めて学ぶ人の音読に適していると思われます。

イハトハニ　カミナリテ　カタカムナ　ヨソヤコトホグシウタ

（カタカムナ第四首）

これから言うと、四八の抽象形があることになり、日本語一音一音に日本人に共通するなんらかの思念が内在することになると思います。

でも、それがなんであるかを言葉で表すことはできません。

カタカムナ文献の私的考察

音読に入る前に、カタカムナの「ウタヒ」について少しだけ解説しておきます。

カタカムナ第一首は、

カタカムナ　ヒビキ　マノスベシ　アシアトウアン
ウツシマツル　カタカムナウタヒ

私の音読解釈では、

「カタカムナが響いて、間の術を示した。アシアトウアンが、それを写し祀ると、カタカムナは意味のある歌いになった」

となりますが、私にはどうも後代に編集して、あとに付けられたものと思われて仕方がありません。それは、カタカムナ音読とは関係ありませんので、これ以上話を進めるのはやめにします。

ただ、この第一首は、次に記した「第四首」と呼応するものだと思います。

イハトハニ　カミナリテ　カタカムナ　ヨソヤコト　ホグシウタ

「大きな音が響いて、カタカムナが『ヨソヤ』(四八)音の意味をことほぐした歌になった」


この二首から、人の歌う歌に先行して、「響き」＝「大きな音」があったということがわかります。

私たちは、狭い室内空間の生活に慣れて、大きな声で遠くの人に呼びかけることがなくなった生活をしています。

その結果、響きのある声で話すことは、うるさいということになり、控えるようになってしまっています。

ところが、言葉には「意味音」に先行して「響き音」があるのです。これは、とても重要なことです。

なぜなら、私たちが脳に送る言語信号は、単に音だけでなく、その音をもたらす「響き」があるからです。波動です。

たとえば、人に対して強い声で「やめろ！」と言う場合、それは響きをともなう声になります。

そして、その響きをもたらす元は、明らかに「母音」の音です。

日本語では、母音だけで意味が伝わる言葉があります。たとえば、「吾」「胃」「鵜」「絵」「尾」「あい」「あお」「いえ」、など、思いつくだけでもいくつもの言葉が挙げられます。

また、西欧人などの非日本人が右脳で聴く母音を、言語脳である左脳優位で聴いています。そして、そんな言語は日本語以外では、ポリネシア語くらいしか存在しないのです。

もう一度、第五首と第六首を音読してみましょう

歌ってください。これは歌なのですから。

一音一音伸ばして切って、強弱、リズムなく、ただ一音一音切って、大声で発声してください。

そうして、どのような語の発声でも、口の形をしっかりしてやれるようになるまで練習しましょう。

初めはゆっくりと、まるで一音一音確認して踏みしめるように。

首を前後に振りながらやるのも、とても効果的です。

ヒーフーミーヨーイー

マーワーリーテーメークールー

ムーナーヤーコートー

アーウーノースーへーシーレー

カーターチーサーキー

ソーラーニーモーローケーセー

ユーヱーヌーオーヲー

ハーエーツーヰーネーホーンー

カーターカームーナー

これを覚えて、そらんじて歌えるようになるまで練習してください。

第五首と第六首を歯切れ良く音読してみましょう

その次に、一音一音伸ばさずに切って、歯切れ良く読んでみます。歌いません。ただ、一音一音確実に発生します。少し忙しいけれども、口の形もしっかりつくります。

ヒ・フ・ミ・ヨ・イ

マ・ワ・リ・テ・メ・ク・ル

ム・ナ・ヤ・コ・ト

ア・ウ・ノ・ス・ヘ・シ・レ

カ・タ・チ・サ・キ
ソ・ラ・ニ・モ・ロ・ケ・セ
ユ・ヱ・ヌ・オ・ヲ
ハ・エ・ツ・ヰ・ネ・ホ・ン
カ・タ・カ・ム・ナ

どうですか、できましたでしょうか？　これができたら、いよいよ第五首と第六首の音読卒業はもう目の前。

第五首と第六首を説明するように音読してみましょう

これが暗唱できるようになったら、今度は意味がわかっていて、相手に説明しているかのように読みます。

このとき、一音一音切れているのだけれども、ふだん私たちが話すときのように、言葉を繋《つな》げて読んでみてください。

ひふみよい、まわりてめくる、むなやこと。

あうのすへしれ、かたちさき。

そらにもろけせ、ゆゑぬおを。

はえつゐねほん、かたかむな。

これが上手にできるようになったら、いよいよ第五首と第六首の仕上げになります。

第五首と第六首を最速で音読してみましょう

今度はスピードをだんだん上げていきます。もちろん、一音一音読みで。

もう「音」を了解しているあなたは、口の形は忘れてください。小さい口の動きで大丈夫です。

でも、一音一音切って、最大限に速く読めるように練習してください。急に速くするのではなく、徐々に確実に速くしていくのがコツです。

ヒフミヨイ　マワリテメクル　ムナヤコト　アウノスヘシレ　カタチサキ

ソラニモロケセ　ユヱヌオヲ　ハエツヰネホン　カタカムナ

私がいま、自分のタイムを計ってみると、およそ三秒でした。

第五首と第六首の音読は、日本語の四八音がランダムに現れるだけで十分なので、意味はわからなくてもいいとしてきました。ただ、第五首と第六首が頭にインプットされてみると、なんとなく意味がわかったように感じられた方もいらっしゃると思います。

参考になるかどうかわかりませんが、私の解釈を挙げておきます。

一二三四五

回りて巡る

六七八九十

（物事が）合うの術を知れ

（その結果の）カタチを裂いて。思念もイメージも同時にモロに消してみよ（言葉では）言えぬことだから

（すると）そこに生えてくる本物がカタカムナなのさ。

第五首と第六首の音読ができるという自信が持てたなら、カタカムナ第一首から第七首までの残りと、第一五首の歌を音読してみましょう。

カタカムナ第一首を音読してみましょう

第一首の訳などは、前述していますので、歌だけを掲載しておきます。

カタカムナヒビキ　マノスベシ　アシアトウアン
ウツシマツル　カタカムナウタヒ

これも、やや大きな声で一音一音切って歌うように読んでください。

カタカムナ第二首を音読してみましょう

短めの歌ですが、これもしっかり一音一音切って音読してください。

ヤタノカカミ　カタカムナ　カミ

これは「カ」＝「カナタ」で発生した宇宙波動が八方からやってきて、私たちの「ミ」を通過した結果が、有象無象の原理なのですよ、という意味でしょうか。
何度か声に出して読むと、不思議な感じがすると思います。さらに目を閉じて歌ってみましょう。

カタカムナ第三首を音読してみましょう

フトタマノミ　ミコト　フトマニニ

ふたつのものが合わさってできたミコト（命）は、さらに重合して発展経過していく、という感じですかね。

これも同様です。なんだか元気のもとが与えられる感じがします。

私たちは、録音された自分の声を聴くと違和感を覚えます。「これは自分の声と違う」と。

それは、自分の声についてでは、耳だけではなく、口腔《こうくう》内の音が直接脳に響きで伝わっているからです。つまり、自分の声は耳と脳の両方で聴いていることになります。そのため録音された情報を耳にすると、違和感を抱くのです。

脳センサーのあるところは、私たちの喉と鼻の奥の脳幹部分です。そこに自分の声を思いっきり当てる。照射する。するとその音が直接脳に行く。だから、その部分で音を感知することに意識的になると、よりその効果が高まることになります。私は赤ん坊が大声で泣くのは、これをやっているのだと思います。

カタカムナ第四首を音読してみましょう

イハトハニ　カミナリテ　カタカムナ　ヨソヤコトホグシウタ

前述した訳をさらに詳しく解説すると、神話的に「イワドのはしに『カミ』が現象したので、カタカムナはそれを四八音に分解して伝達するものです」となるでしょうか。

これも一音一音切って、今度は首を振ってうなずきながら読んでみてください。

カタカムナ第七首を音読してみましょう

マカタマノ　アマノミナカヌシ　タカミムスヒ　カムミムスヒ

ミスマルノタマ

これを私なりに解釈すると、以下のようになります。

魔訶タマノ
アマノミナカヌシ（太陽）は
高く結んで（南中）見えないところで過ぎ越して
統合してできた球体

最初に「ア音」が四つ連続することを意識してください。空に向かって歌うように大きく開ける口の形が大切です。

その次の「ノ」は「オ」の口の形です。「ア」から「オ」への口とアゴ、そして音の変化を確認してください。

カタカムナ第一五首を音読してみましょう

これを、カタカムナ音読の仕上げとします。もっとやりたい方は一八二ページの「カタカムナ八〇首」に挑んでください。

アワナギ　アワナミ　ツラナギ　ナミアヤ　ミクマリ　クニノミクマリ

アメノクヒサモチ　クニノクヒサモチ　シナツヒコ　ククノチ

オホヤマツミ　ヌツチ　カヤヌヒメ

意味理解を飛ばして、ただ単純に一音一音の発声をしてください。

何度か読んで完全に発声できるようになったら、少し耳の感度を上げて、だんだん早口、小声でやるようにしてください。

最後は囁《ささや》くようにやってみてください。

音がきちんと出ていれば最早《もはや》、口の形を意識する必要はありません。もちろん、一音一音しっかり切って読むことは忘れずに。

一音一音切ってはっきりと、しかも限りなく早口で読もうとするとき、あなたの日本語感覚は確実に上昇します。


ここでお断りしておきますが、私は単なる国語教師でカタカムナ相似象の研究については専門家ではないので、興味のある方は諸先達の書物を参考にしてください（二〇二ページにカタカムナ関係の参考文献を掲載しています）。

第五章

カタカムナ音で古典音読

古典音読は年代順に！

カタカムナ音読ができるようになったら、日本の古典音読を始めましょう。

古典をどの順番で読んでいくか――。答えを見つけるまでに、試行錯誤が続いたのは事実です。これまでの拙著に詳しく書いてありますが、生徒たちへの音読指導をしていくなかで、正解を発見したのです。

まず、わかったことは『徒然草《つれづれぐさ》』を音読すると、現代文が読めるようになるということです。ただ、江戸時代の『おくのほそ道』は意味がわかりやすくなっても、奈良時代の『万葉集』や平安時代の『源氏物語』は読めるようになりませんでした。

悪戦苦闘の結果、辿《たど》り着いた答えが「川上・川下」理論でした。

私たちが使っている言葉は、日々変化しています。言葉は生き物だから。

でも、いまの言葉は間違いなく、それまでに使われてきた言葉の延長線上での変化です。日本語ではことに「助詞」や「助動詞」の用法に、その変化の様子が顕著に見られるように思います。

たとえば、文学作品に残る書き言葉でも、奈良・平安時代の公家言葉、鎌倉・室町時代の武士言葉、江戸時代の町人言葉、明治時代の書生言葉など、さまざまな変遷を経て今日に至っています。現代文から前の時代に遡《さかのぼ》って学習するのは、川を逆上《さかのぼ》るようなものです。流れに逆らって川上に向かうのは困難だけど、川上から川下に向かうのは、流れに任せていればいいので楽です。つまり、楽に言語を習得するのに重要なのは、まず選ぶテキストの「順序」なのでは……と気づくことができたのです。

現代文より、古文から学習を始めたほうが、そのあとが楽、ということです。考えてみれば、先人たちは当たり前のように、この方法で学習をしてきました。学問の場で使用されるテキストは、同時代の作品ではなく、常に先行する時代の作品だったのです。

生徒たちの指導を通じてわかったのは、『古今《こきん》和歌集』の音読練習をしておくと、『枕草子』や『源氏物語』の音読ができるようになるのはもちろん、内容の理解が楽にできるようになるということです。

私の「川上・川下」理論の正しさが確認できましたか。ある同一の言語において、古い時代に使われていた「音」を習得すると、そのあとの時代の言葉の習得が楽になるのです。

じつは、ヨーロッパの人たちも同じことをしています。いまだにラテン語やギリシャ語を学ぶのは、古い文献を読み解くのに必要というだけでなく、現代の言語の基になっている言語を学習することで、いま使っている言語を客観視でき、より良く了解できるようになるからに違いありません。その意味で、古典は我々の〝鏡〟なのです。

テキスト選びのコツ

最初に手にするのは、古い時代の作品ほど良いと思います。そこから順に、新しい作品へと進むのが良いでしょう。でも、これは私の経験から得たものですから、必ずしもそれに固執する必要はありません。

あなた自身が興味を持てそうで、なおかつ短めの作品を探すのが良いのではないでしょうか。いくつか読んでいくうちに、自分の好みの傾向がわかってきます。

短めの作品がなくなったら、長めの作品にとりかかってみてください。長いからといって恐れることはありません。なぜなら、最初から最後まで全編を通して読む必要はないからです。気に入った箇所だけ、声に出して読めば良いのです。

『源氏物語』なら、最初の帖「桐壺《きりつぼ》」は読んでいただきたい。あとは第五帖「若紫《わかむらさき》」や第二一帖「乙女《おとめ》」などが読みやすいと思います。

『平家物語』は、合戦の場面がおもしろいです。巻九の宇治川先陣の段や、ひよどり越え坂落としの段などはお勧めです。

『南総里見八犬伝《なんそうさとみはっけんでん》』は超大作ですが、伏姫の山籠りの前後が圧巻です。一度読んでおくと良いと思います。

くれぐれも、全部読まなくてはならないというプレッシャーを持たないようにしてください。一部分だけ読めばいいのだ、と気楽に作品を選ぶのがコツです。

基本的に、名文とされている古典を選ぶのがいいのは、一音一音読みにして堪《た》えるだけの質の高い日本語で書かれているからです。一音一音区切って声に出したときに、意味が乗って（浮かびあがって）くるのがいい日本語なのです。

古典として残っている作品は、そういうものばかりです。音とリズムと意味がぶれずに、スーッと読み手に届くように書かれています。音読が好きで、音読に親しんだ著者が書いた作品なら、言うことはありません。「音」に無頓着な現代作家は、読むに値しないでしょう。

『古事記』（八世紀）

創世《そうせい》の神々《かみがみ》

天地《あめつち》初《はじ》めて発《ひら》けし時《とき》、高天原《たかまのはら》に成《な》れる神《かみ》の名《な》は、天之御中主神《あめのみなかぬしのかみ》、次《つぎ》に高御産巣日神《たかみむすひのかみ》、次《つぎ》に神産巣日神《かみむすひのかみ》。此《こ》の三柱《みはしら》の神《かみ》は並独神《みなひとりがみ》と成《な》り坐《ま》して、身《み》を隠《かく》したまひき《い》。

前述した通り、カタカムナ第七首と似ていますね。

解釈としては、

「天と地が初めて分かれたそのとき、タカマノハラにあった神の名は、アメノミカヌシノカミ、タカミムスヒノカミ、カミムスヒノカミ。この三神はみな独身なので子孫が続きませんでした」

という感じです。

ここでは多くを語りませんが、『古事記』の最初のほうに出てくる神の名はイザナギ、イザナミをはじめとして、ほとんどすべてが「カタカムナ」のなかにある言葉を取ったものなのです。

私が推察するところ、おそらく稗田阿礼《ひえだのあれ》がこれを唱えた。漢字で記そうとした太安万侶《おおのやすまろ》には、それがさっぱりわからなかったのではないか。だからこそ、そのまま神の名に使ったと思われます。

この文を勧めるのは、原書の音を色濃く残した音読に値するものだからです。

カタカムナウタヒ読みで、ゆっくり歌うように読んでみてください。そのまま音読するだけで、この一三〇〇年以上前の文章が理解して読めてしまうはずです。何回も読んで、完璧になるまで練習してほしい一文です。

次に、同じ『古事記』から、須佐之男命《すさのおのみこと》が八岐大蛇《やまたのおろち》を退治して、櫛稲田姫《くしいなだひめ》を我妻にしたときの歌。

八雲立《やくもた》つ　出雲八重垣《いづもやえがき》　妻籠《つまご》みに
八重垣作《やえがきつく》る　その八重垣《やえがき》を

「八雲立つ」というのは、出雲の枕詞《まくらことば》（ある言葉を述べるために前もって言うことになっている決まり文句）。日本海の湿った風が出雲の山の上で、散り散りに変化することを意味しているのだと思います。

その出雲に、八重に囲んだ地を作り、そこへ妻を入れて、さらに八重垣を作っていこうというのです。どんどん子孫をつくらんとする男の歌とも言えますが、『古今和歌集』では、これを我が国最古の歌の記録としています。

『万葉集』（八世紀）

籠《こ》もよ　み籠持《こも》ち　ふくしもよ　みぶくし持《も》ち

この岡《おか》に　菜摘《なつ》ます児《こ》　家告《いえの》らな　名告《なの》らさね

そらみつ　大和《やまと》の国《くに》は　おしなべて

我《われ》こそ居《を》れ　しきなべて　我《われ》こそいませ

我《われ》こそば　告《の》らめ　家《いえ》をも名《な》をも

これは『万葉集』巻頭にある、雄略《ゆうりゃく》天皇が大和盆地を平定したときの歌と思われるものです。

「籠」というのは竹で編んだ籠《かご》。

「ふくし」は「掘串」、植物を切って採取する道具。

「そらみつ」は大和の枕詞。

「告る」は言う。名乗る。口に出す。

天皇になったつもりで、カタカムナウタヒ読みで歌うように読んでください。これはまだ完全に七五調には移行していない、古いものと思われます。

ちなみに解釈はこんな感じです。

「天皇は、丘の上から食材とする菜を採取している娘たちに歌いかける。

家はどこなのか、名前はなんていうのか。

波動の高い大和の国は、私が制圧している。

政治を敷いて君臨しているのは、まさしく私だ。

私こそが名乗ろう、王家と名前を」

『古今和歌集』（一〇世紀）

仮名序《かなじょ》

やまと歌《うた》は、人《ひと》の心《こころ》を種《たね》として、よろづの言《こと》の葉《は》とぞなれりける。世《よ》の中《なか》にある人《ひと》、ことわざ繁《しげ》きものなれば、心《こころ》に思《おも》ふことを、見《み》るもの聞《き》くものにつけて、言《い》ひ出《いだ》せるなり。花《はな》に鳴《な》く鶯《うぐいす》、水《みず》にすむ蛙《かわず》の声《こゑ》を聞《き》けば、生《い》きとし生《い》けるもの、いづれか歌《うた》をよまざりける。

前述しているとおり、とても重要な古典のひとつ『古今和歌集』です。我が国最初の勅撰《ちょくせん》和歌集である『古今集』は、「東歌《あずまうた》」や「防人歌《さきもりのうた》」まで収めた『万葉集』とは異なり、天皇周辺の貴族の和歌を中心にして編集されています（撰者は紀貫之《きのつらゆき》、紀友則《きのとものり》、凡河内躬恒《おおしこうちのみつね》、壬生忠岑《みぶのただみね》の四人）。そして、のちの平安貴族にとってなくてはならない「教養書」となっていったのです。『源氏物語』を筆頭とする我が国王朝文学の作者となる、平安女流作家たちもみな、子供のころからこの『古今集』を音読暗記させられました。とくにこの「仮名序」は、当時の文字を知る貴族で読んだことのない人はいないと言えるほど読まれたものです。そしてその後、この書き方で日本語散文が書かれていくことになるのです。

和歌は、一音一音切って詠むもの。そうすると意味がよく伝わっておもしろいというので、天皇や貴族までもが夢中になります。

それになんといっても、男女交際には和歌の素養が不可欠。和歌が詠めなければ恋愛できない、というのは深刻です。和歌を熟知した撰者たちのアタマとカラダに、日本語の一音一音の特性が色濃く刷り込まれていたであろうことは想像に難くありません。

当然これは、カタカムナウタヒ読みにもしっかりと応える強靭《きょうじん》な文章です。

まず、カタカムナウタヒ読みで一音一音切って歌うように読みます。そこにあるのは、驚くべき意味の確実なる伝達性です。これより的確に同一事象を記述する文章は、考えられないことでしょう。

これこそが、すべての日本語の「手本」と言えます。

それほど大事な古典なので、少し詳しく解説していきたい思います。

これが間違えずにきちんと読めるようになったら、今度は一音一音ハッキリ読みで練習してください。

すると、最初の文の「よろづのことのはとぞなれりける」で、係助詞の「ぞ」を強く読む必要性が出るのです。だからこそ、末尾が「けり」ではなく、「ける」と言い切り性の強い音に呼応変化します。

学校教育では、これを「係り結びの法則」とかいいますが、そんなことより、じつはもっと大切なことが隠されていたのです。

音読学習者にとって大切なのは、「係助詞」を強く読むことだけです。

いきなり「係助詞」などという文法用語が出てきて、拒否反応を覚えた方もいらっしゃるかもしれないですね。それはもはや、文法用語アレルギーに陥っているのです。はっきり言って、学校での古文の教え方が間違っていたからにほかなりません。

大切なのは、文法を覚えることではなく、古文がそのまま読めて理解できるようになることであるはずです。

ここでは、できたら読者として「なれりける」の「り」が一音で「完了」を表すことも味わってほしいと思います。完了というのは「ってなっている」の意。英語なら「have＋過去分詞」で表すのに、日本語古文では、エ音の次に来るラ行音は完了の意味を表すと決まっているのです。一音だけで完了！　これほど便利な言葉はどこにもありません。

「よ・ろ・づ・の・こ・と・の・は・と・ぞ・な・れ・り・け・る」

この「れ」のあとの「り」が、一音だけで完了の意味を表しているのです。これを一音一音読みでぜひ味わっていただきたいのです。

「よろづ」は「万づ」と書き、「万《よろづ》屋《や》」のよろづだと言うと、あまりに時代遅れでしょうか。「万屋」は昔、村に一軒しかなかった、いまでいうコンビニみたいなお店。なんでも売っている店です。「なんでも」「たくさん」という意味があります。

「ことわざ」は諺《ことわざ》ではなくて事《こと》と業《わざ》、「出来事や行為」

「かわず」は「蛙《かえる》」

最後は「この世に生きるものでいったい誰が歌を詠まないことがあろうか」の意で、疑問を投げかけて反対意見を浮かばせるというふうに反語的になっています。

「いずれか」の「か」を強く読む。

声は「こうぇ」とワ行音で読む。

この音読法では「お」と「を」を区別するので、「心に思ふことを」の「を」はワ行音で「うぉ」と発声します。

さらに神社の宮司がするように祝詞《のりと》読み（神社の宮司が詠唱するかのように読む）をしてみるのも良いです。こうして多重の読み方を行ったあと、最後に自然と現代語を読むように読んでください。日本語がいかに変わらぬ言語であるか感じられると思います。

『枕草子』（一一世紀） 清少納言

これも教科書に載っているので、どなたでもご存じでしょう。まずは少し長くて大変だけれどもカタカムナウタヒ読みで。そして、これがそれに堪え得る美しく強い日本語であることを改めて味わってみてください。

第一段《だいいちだん》

春《はる》は、あけぼの。

やうやう《よよ》白《しろ》くなりゆく山《やま》ぎは、すこしあかりて、紫《むらさき》だちたる雲《くも》の、細《ほそ》くたなびきたる。

夏《なつ》は、夜《よる》。

月《つき》のころは、さらなり。

闇《やみ》もなほ《お》、螢《ほたる》のおおく飛《と》びちがひ《い》たる、また、ただ一《ひと》つ二《ふた》つなど、ほのかにうち光《ひか》りてゆくも、をかし。雨《あめ》など降《ふ》るも、をかし。

秋《あき》は、夕《ゆう》ぐれ。

夕《ゆう》日《ひ》のさして、山《やま》のはいと近《ちか》うなりたるに、烏《からす》の、寝《ね》どころへ行《ゆ》くとて、三《み》つ四《よ》つ、二《ふた》つ、三《み》つなど、飛《と》びいそぐさへ（え）、あはれなり。

まいて、雁《かり》などの列《つら》ねたるが、いと小《ちい》さく見《み》ゆるは、いとをかし。

日《ひ》入《い》りはてて、風《かぜ》の音《ね》、虫《むし》の音《ね》など、いとあはれなり。

冬《ふゆ》は、つとめて。

雪《ゆき》の降《ふ》りたるは、いふ《う》べきにあらず。

霜《しも》のいと白《しろ》きも、また、さらでもいと寒《さむ》きに、火《ひ》などいそぎおこして、炭《すみ》もてわたるも、いとつきづきし。昼《ひる》になりて、ぬるくゆるびもていけば、火桶《ひおけ》の火《ひ》も、白《しろ》き灰《はい》がちになりて、わろし。

第二段《だいにだん》

ころは、正月《しょうがつ》、三月《さんがつ》、四月《しがつ》、五月《ごがつ》、七《しち》、八《はち》、九月《くがつ》、十一《じゅういち》、二月《にがつ》。すべて、をりにつけつつ、ひととせながらをかし。

る『枕草子』は、まずカタカムナウタヒ読みで、次いで一音一音読みで練習します。祝詞読みでできないことはないのですが、女性的な文体でどこか相応《ふさわ》しくなく感じられると思います。最後に丁寧にさっと平読みすると、これがじつに美しい文章であることがよくわかると思います。

これは清少納言が歌人を輩出した清原《きよはら》家出身の女性で、幼いときから和歌の音がよく刷り込まれていたからだと思います。ちなみに、『百人一首』には、清少納言の祖父の清原《きよはら》深養父《ふかやぶ》、父の元輔、そして清少納言と、珍しく親子三代で歌が選ばれています。

「やうやう」は「ようよう」。「山ぎは」は「山の端」の逆で「山に近い空」のこと。「さらなり」は「さらにいい」の意。「ほたる」「ほのか」の「ホ」を、まるで英語で「ホット」と言うときのように、頬から口先へ息が吹き出るように発音すると良いでしょう。

ここで、現代語に訳せない「をかし」と「あはれ」について解説しましょう。これは先にも触れましたが、「をかし」の「ウォ」は、ワ行音で気づきや驚きを示します。それはアタマのなかで、ほかの何かと比べて、あるいはほかの状態のときと比べて、「をかし」と認識する左脳的な識別反応です。反対に「あはれ」は、アタマのなかの回路を通らず、あたかも体全体で感じている体感的、右脳的な反応なのです。

したがって、「をかし」は「ほかと比べてちょっと良い」くらいの意味であることが多く、「あはれ」は「とにかくジーンと感じてしまう」ような意味になるのですが、これらを正確に現代語に訳すことはできません。

あくまで「をかし」であり「あはれ」なのです。「をかし」を「趣がある」と訳すしかなかった学校教育は誤りと言わざるを得ません。

ちなみに第一段末尾の「わろし」は、ここでは明らかに「をかし」の反意語です。「とびいそぐさへ」の「さへ」は、強意の副助詞なので強く読んでください。

「いふべきにあらず」は「言うことができない」。「つとめて」は「早朝」。「さらでも」は「さ（そう）あらでも」がつまったもので、「そうではなくても」の意。「つきづきし」は「相応しい」。「火桶」は「火鉢」。昔の室内暖房具で、炭を用います。炭は当然、燃えると灰になります。

清少納言はこの文でどの季節がよいと言っているのか——教科書では省略されている、次の第二段に書かれているのです。

月としては、正月、三月、四月、五月、七月、八月、九月、一一月、一二月、すべてその折々につけて一年中、日本の一年そのものがいいのです。

『源氏物語』（一一世紀）　紫式部

桐壺《きりつぼ》

いづれの御時《おおんとき》にか、女御《にょうご》、更衣《こうい》あまたさぶらひ《い》たまひ《い》けるなかに、いとやむ《ん》ごとなき際《きわ》にはあらぬが、すぐれて時《とき》めきたま《も》ふ《う》ありけり。はじめより我《われ》はと思《おも》ひ《い》上《あ》がりたまへ《え》る御《おん》かたがた、めざましきものにおとしめ嫉《そね》みたま《も》ふ《う》。同《おな》じほど、それより下臈《げろう》の更衣《こうい》たちは、ましてやすからず。朝夕《あさゆう》の宮仕《みやづか》へ《え》につけても、人《ひと》の心《こころ》をのみ動《うご》かし、恨《うら》みを負《お》ふ《う》積《つも》りにやありけむ《ん》、いとあつしくなりゆき、もの心細《こころぼそ》げに里《さと》がちなるを、いよいよあかずあは《わ》れなるものに思《おも》ほして、人《ひと》のそしりをもえ憚《はばか》らせたまはず、世《よ》のためしにもなりぬべき御《おん》もてなしなり。

さて、ついに『源氏物語』。これは、カタカムナ読みにも、祝詞読みにも、平読みにも、速読みにも耐える驚くべき格調の高い文章です。およそ一〇〇〇年の月日を経て、これをこうしてわれわれが原文のまま味わえるのは本当にありがたいことだと思います。

『源氏物語』は、おそらくは次期権力の座を狙う藤原道長が紫式部に命じて、長兄の関白道隆の娘の定子に操を立ててほかの女御との間に子供を作ろうとしない一条《いちじょう》天皇に向けて書かせたものだと思われます。だから、宮中で天皇が聴いても申し分のないように、格調高く書かれているのです。宮中では、指名を受けた女房が音読したと思われます。それは何読みだったのでしょうか。いろいろ想像して試してみるのも面白いと思います。

「いづれのおおんときにか」というのは、「どの天皇のご治世のことでありましたでしょうか」とさまざまな物語の冒頭で使われている「今は昔」の代わりです。でもそこには、これが宮中で読まれることを前提に書かれていることが表れていると思います。

さて、平安の上級貴族の娘たちは宮中での宮仕えをしますが、ここで大臣クラスの娘だと、のちに次の天皇を産む中宮・皇后となる候補の「女御」として、大納言や中納言の娘たちは「更衣」(衣替え係として天皇の居室寝室に務める)として宮中に入りました。

「あまた」は「多く」。「さぶらひ」→「侍ふ」は「お仕えする」「おそばに侍る」の意。これは天皇に対する謙譲語です。「たまひ」→「給う」は尊敬語ですが、天皇にお仕えするもそこは最上級階級の女性たちに対してのことだから、それより下の身分の物語の語り部としては敬意を表す必要があります。「やんごとなき際」とは大変高いご身分ということで、この場合は女御のことを指します。つまり、「やんごとなき際にはあらぬが」というのは、「最高の身分ではないが」という譲歩的な意味になります。宮中ではこれを聴けば、女御ではなく更衣のことをいっているのだと了解されます。

「ときめく」は「天皇のご寵愛を受けている」の意。

「はじめよりわれは」というのは、「初めから自分こそが(次の帝を生むのであると)」の意味です。

「めざましきもの」というのは、上目線で不愉快なものを見下す言葉。

「それより下﨟の更衣たち」というのは、「あとから入って来た後輩の更衣たち」の意。更衣の定員は一〇から一二名で、絶えず新人が補充されたようです。新人、つまり最年少の少女たちは、初めての入内《じゅだい》でなぜか宮中の様子がなんだか怪しいムードであることを察知して、どうしてよいかわからず安からず思ったというわけです。朝夕の天皇への宮仕えでも、何かといちゃいちゃするのでしょうか、「人の心をのみ動かし」(テレパシーを信じていた平安時代)、ほかの女たちの恨みが積もったのでしょうか、「いと篤しく」(たいそう病弱になり)、「里がち」(一度自宅に戻るとなかなか再出仕しない)。

こういう更衣を帝はいよいよ、「あかずあはれなるもの」(いつまでも絶えることなく自分の心を魅きつけるもの)として「え憚らせたまはず」(帝はまったくご遠慮なさることがなく)。ここの「え」は下に打ち消しを伴う強調の副詞で強く読みます。「世のためし」は「のちの世への悪例」。「御もてなし」は天皇の更衣に対する寵愛です。

「どの帝の御世のことでしたでしょうか、女御や更衣が大勢お仕えになっていたなかに、たいそう高いご身分というわけではありませんが、とくに優れてご寵愛を被っているお方がありました。初めから『妾《わらわ》こそは』とお思いになっている方々は『分を弁えない者』と見下しながら、嫉妬していらっしゃいます。それより下の者たちは、まして心穏やかでなく、朝夕の帝の周りのお世話につけても、お役の女房たちの心を動かし、その恨みを買うことが多かったからでもありましょうか、このお方は、病状が大変重くなっていき、心細げに実家に下りることが度重なりますのを、帝はますます『忘れがたくいとおしい者』とお思いになって、人々の非難が高じるのにご配慮なさるともおできにならず、そういったことの前例となって残りそうなご寵愛ぶりでございます」(富澤進平訳)

『源氏物語』は初めはしっかりとカタカムナウタヒ読みしてください。充分に音読できるようになったら、一音一音ハッキリ読みに移ってください。それができるようになったら、祝詞読みをします。すると、驚くくらい『源氏物語』が原文そのままで味わえることがおわかりいただけると思います。

さらに平読みしますが、このとき、だんだんと極限まで速く読む、最後は囁《ささや》くように読む練習をしてください。

最終的な目安は、この文を二〇秒以内に読み切ることです。それはおそらく、平安時代の人たちが視読で了解するスピードに近いものになるはずです。

『方丈記』（一二一二年）　鴨長明《かものちょうめい》

一

ゆく河《かわ》の流《なが》れは絶《た》えずして、しかも、もとの水《みず》にあらず。よどみに浮《うか》ぶうたかたは、かつ消《き》え、かつ結《むす》びて、久《ひさ》しくとどまりたる例《ためし》なし。世《よ》の中《なか》にある、人《ひと》と栖《すみか》と、またかくのごとし。

たましきの都《みやこ》のうちに、棟《むね》を並《なら》べ、甍《いらか》を争《あらそ》へる、高《たか》き、いやしき人《ひと》の住《すま》ひは、世《よ》々《よ》を経《へ》て、尽《つ》きせぬ物《もの》なれど、これをまことかと尋《たづ》ぬれば、昔《むかし》ありし家《いえ》はまれなり。或《あるい》は去年《こぞ》焼《や》けて今年《ことし》作《つく》れり。或《あるい》は大家《おほいえ》ほろびて小家《こいえ》となる。住《す》む人《ひと》もこれに同《おな》じ。所《ところ》も変《かわ》らず、人《ひと》も多《おお》かれど、いにしへ《え》見《み》し人《ひと》は、二三十人《ふたみそたり》が中《なか》に、わづかにひとりふたりなり。朝《あした》に死《し》に、夕《ゆうべ》に生《うま》るるならひ《い》、ただ水《みず》の泡《あわ》にぞ似《に》たりける。不知《しらず》、生《うま》れ死《し》ぬる人《ひと》、何方《いずかた》より来《き》たりて、何方《いずかた》へ《え》か去《さ》る。また不知《しらず》、仮《かり》の宿《やど》り、誰《た》が為《ため》にか心《こころ》を悩《なや》まし、何《なに》によりてか目《め》を喜《よろこ》ばしむる。その、主《あるじ》と栖《すみか》と、無常《むじょう》を争《あらそ》ふ《う》さま、いは《わ》ば朝顔《あさがほ》の露《つゆ》に異《こと》ならず。或《あるい》は露落《つゆお》ちて花残《はなのこ》れり。残《のこ》るといへ《え》ども、朝日《あさひ》に枯《か》れぬ。或《あるい》は花《はな》しぼみて露《つゆ》なほ《お》消《き》えず。消《き》えずといへ《え》ども、夕《ゆうべ》を待《ま》つ事《こと》なし。

鴨長明は下鴨《しもがも》神社の神官の家系の出身で、『無名抄《むみょうしょう》』などの歌論書も書いた歌人です。つまり、祝詞の音も和歌の音も深く吸収している人物です。しかも出家して経も唱えていました。世は平安末期、源平の争いで頽廃《たいはい》するなか、地震火事と天災が続き、京都は末法《まっぽう》思想が流行る無常観そのものの世界といった時代。

「方丈」とは、簡易な四角い出家用の住居のこと。そこで長明は起居して仏道修行のかたわら執筆するのです。

「たましきの」とは都の枕詞。都の宮廷には白い石が敷き詰めてあります。「甍」は屋根の上の瓦。「いにしへ見し人」は「以前に見た人」。「ならひ」は「慣習」「通例」「世の中でそうなっていること」。「水の泡にぞ」の「ぞ」は強く読みます。「不知」は、「私は知らない」。「仮の宿り」というのは、仏教的無常観に基づいた言葉。次々と変遷する世で、自分もたまたまここに人間として生きているだけだということ。「目を喜ばしむる」は「目を喜ばせる」という意味です。

これも非常に有名な文章で、江戸時代以降の寺子屋で広く読まれて、井原西鶴《いはらさいかく》などに大きな影響を与えたものと思われます。

『徒然草』（一四世紀）　兼好法師

序段《じょだん》

つれづれなるままに、日《ひ》くらし硯《すずり》に向《む》かひ《い》て、心《こころ》にうつりゆくよしなしごとをそこはかとなく書《か》きつくれば、あやしうこそ物狂《ものぐる》ほ《お》しけれ。

これは『古今集』「仮名序」以降、もっとも定番になった散文です。江戸時代に広く読まれてちょっとした文化人なら知らぬ者がないというほど、よく読まれた文章です。「つれづれ」というのは、何もすることがない手持ち無沙汰な状態。出家生活は退屈なのです。「日くらし」は「一日中」。「硯に向かひて」は「書くべき紙を前にして」。「よしなし」は「由なし」、筋道がない。

「そこはか」の「はか」とは、最後に行くところ。「はかがいく」「はかどる」の「はか」で、「そこまでとか終《しま》いまでとかではなく」ということです。「あやしうこそ物狂ほしけれ」は、「我ながら不思議なほどもの狂おしい気持ちになる」の意。

自分の身辺を簡単に記述して過不足のない文章の見本。

兼好法師は吉田神社の宮司の家系とも言われますから、『方丈記』の作者、鴨長明同様、祝詞にも和歌にも経典にも深く通じています。その人の書いた文章は、カタカムナウタヒ読みにも堪え、一音一音はっきり読みにも堪えるのです。よく読み込んで身に染み入るようにしてください。

『徒然草』こそが一四世紀以降の「古典」となるのです。

『おくのほそ道』（一七〇二年）　松尾芭蕉《まつおばしょう》

月日《つきひ》は百代《はくだい》の過客《かきゃく》にして、行《ゆ》き交《こう》ふ年《とし》もまた旅人《たびびと》なり。舟《ふね》の上《うえ》に生涯《しょうがい》を浮《う》かべ、馬《うま》の口《くち》とらへ《え》て老《お》いを迎《むこう》ふる者《もの》は、日々《ひび》旅《たび》にして旅《たび》をすみかとす。古人《こじん》も多《おお》く旅《たび》に死《し》せるあり。予《よ》もいづれの年《とし》よりか、片雲《へんうん》の風《かぜ》に誘《さそ》はれて、漂泊《ひょうはく》の思《おも》ひやまず、海浜《かいひん》にさすらへ《え》て、去年《こぞ》の秋《あき》、江上《こうじょう》の破屋《はおく》にくもの古巣《ふるす》を払《はら》ひ《い》て、やや年《とし》も暮《く》れ、春立《はるた》てるかすみの空《そら》に、白河《しらかわ》の関越《せきこ》えむ《ん》と、そぞろ神《がみ》の物《もの》につきて心《こころ》を狂《くる》は《わ》せ、道祖神《どうそじん》の招《まね》きに会《あ》ひ《い》て、取《と》るもの手《て》につかず。もも引《ひ》きの破《やぶ》れをつづり、かさの緒《を》付《つ》け替《か》へて、三里《さんり》に灸据《きゅうす》うるより、松島《まつしま》の月《つき》まづ心《こころ》にかかりて、住《す》めるかたは人《ひと》に譲《ゆづ》りて、杉風《さんぷう》が別墅《べつしょ》に移《うつ》るに、

草《くさ》の戸《と》も住《す》み替《かわ》はる代《よ》ぞ・ひなの家《いえ》

面八句《おもてはっく》を庵《いおり》の柱《はしら》に懸《か》け置《お》く。

これは、松尾芭蕉の『おくのほそ道』の冒頭部分です。中学三年の教科書で必ず学ぶもので、みなさんも読んだ記憶があると思います。芭蕉が、弟子の曽良《そら》と、元禄《げんろく》二（一六八九）年の三月から九月（旧暦）にかけて東北地方を回って日本海岸を南下して、岐阜県の大垣市に至るまでの俳諧《はいかい》紀行文です。

「月日は百代の過客（旅人）」というのは、李白《りはく》の『春夜桃李園に宴するの序』の「夫天地者萬物之逆旅　光陰者百代之過客而浮生若夢」の引用です。同じ引用のある西鶴の『永《えい》代蔵《たいぐら》』刊行が一六八八年ですから、妙な一致を感じてしまいます。共通の先行テキストの存在が暗示されます。

「舟の上に生涯を浮かべ」る者は、「船頭」のことです。仕事が終わると、舟が盗られないように舟の上で寝ます。

「馬の口とらへて老いを迎ふる者」とは、人を運ぶ客商売の「馬子《まご》」のこと。仕事が終わると馬が盗られないようにそこで馬と寝ます。だから常に旅の中です。

「古人」とは、芭蕉が尊敬する旅に死する先輩詩人たちのこと。我が国では、西行《さいぎょう》、宗祇《そうぎ》など。中国では李白、杜甫《とほ》など。

「予」は「自分」「私」。「片雲の風」は「千切れ雲」。「漂泊」は「旅」のこと。

「江上」というのは、今の東京都墨田区深川の芭蕉庵があった辺り。川の河口で開けたところを「江」といいます。「江」の戸口にあるのが江戸城。「江」から少し遡《さかのぼ》った辺りにあるのが「江上」になります。

「破屋」は「ボロ家」のことですが、いまでもよく言う「狭くて汚い家ですが」と謙遜する言い方に同じ。

「やや年も暮れ」は「気づけば年も暮れ」。「白河の関」は東北への入り口。「そぞろ神」は「人を落ち着かなくさせる神様」でしょうか。

「物につきて」は「乗り移って」の意。

「道祖神」は街道のお地蔵さまだから、手招きするわけがありません。ここはいささか笑いを取るために洒落たと見ます。とにかく、芭蕉は旅に出たくてしかたがないのです。気がつけば、「もも引きの破れを綴り、かさの緒付け替えて、三里に灸をすえ」て、旅の準備をしてしまっています。

「松島《まつしま》」は、天橋立《あまのはしだて》、厳島《いつくしま》と並ぶ日本三代美景のひとつ。ここを歌枕にしたいのです。

「住める方は人に譲る」のは、家賃節約に旅費のためでしょうか。

杉山杉風《すぎやまさんぷう》は、芭蕉を庇護したスポンサー。日本橋魚河岸の鯉問屋の息子。当時、鯉の生け簀《す》のある持ち家が何ヶ所かにあり、そのひとつを改築して芭蕉庵としました。「古池や蛙飛び込む水の音」の脇には芭蕉が生えていたといいます。

で、みなさん、もしみなさんが、同じ町内で引っ越しをしたら、一度くらいは元自分が住んでいた家に、新たにどんな人が住んでいるのか散歩がてらにでも見て来ますよね。すると、

「自分の住んでいた草の戸も、人が住み替わって、女の子がいるのか、ひなを飾っていることだよ」

という句になり、これをまんざらでもないと思い、庵《いおり》の柱にかけておくと、客人が来たときの話題にもできるというわけです。

初め、一音一音はっきり読みで何度か練習し、間違えないようになったら、平読みしてください。もはや自己流で結構です。

カタカムナ音での古典音読は、子供たちの国語力、日本語能力を飛躍的に向上させてきています。詳しくは、拙著『未来の学力は「親子の古典音読」で決まる！』で紹介しています。以下の音読テキストも掲載してありますので、ご一読いただけると嬉しく思います。

『竹取物語』（九世紀）
『伊勢物語』（一〇世紀）
『土佐日記』（一〇世紀）
『源氏物語』（一一世紀）「桐壺」
『更級日記《さらしなにっき》』（一一世紀）
『大鏡《おおかがみ》』（一二世紀）
『梁塵秘抄《りょうじんひしょう》』（一二世紀）
『方丈記』（一二一二年）
『平家物語』（一三世紀）「祇園精舎《ぎをんしょうじゃ》」「扇の的」
『徒然草』（一四世紀）「第一一段」
『高砂《たかさご》』（一五世紀）

『風姿花伝』(一四〇〇年ごろ)
『本朝永代蔵《ほんちょうえいたいぐら》』(一六八八年刊行)
『おくのほそ道』(一七〇二年刊行)
『東海道中膝栗毛《とうかいどうちゅうひざくりげ》』初編序(一八〇二年刊行開始)
『南総里見八犬伝《なんそうさとみはっけんでん》』(一九世紀)
『学問ノススメ』(一七八二年刊行)
『舞姫』(一八九〇年発表)
『にごりえ』(一八九五年発表)

あとがき

「カタカムナ音読」――これは私の生み出した、教育上の「秘伝」でした。しかし、もはやその「秘伝」をごく一部の人や子供にだけ伝えて隠しておくわけにはいかない。そういうときが来ていると感じています。

良いものを見つけたとき、しかもそれが多くの人の役に立つものであるとき、それを多くの人に伝えたくなる――。人間として自然なことだと思います。

本文中でも述べましたが、勉強がよくできるとは通常、日本語がよくできることとほぼ同じです。教科書も資料集も副教材もテストも入学試験もみな日本語、おまけに授業も口頭試問も日本語で行われるからです。

あらゆる資格試験は、選択肢文を読んで正解を選ばせるものになっています。それも日本語の文章の、です。

この国で優位に立つとは、日本語に強くなることにほかなりません。

このことにすでに気づかれて、実践している人たちがいます。

まず、カタカムナ音読で脳幹部分に正しい母音の音を響かせることに成功した人たち。

彼らの多くは、これまでとは違ったアタマの働きを獲得して、その効果の大きさを実感していることでしょう。

そのうえで、さらに日本語古典の音読直解をものにした人たち。彼らはこれまで読めなかった本が読めるようになり、文章が書けるようになり、無闇な暗記に頼らない資格試験の勉強ができるようになっていると思います。

しかも、日本語に強くなると、単に資格試験に通りやすくなるとか、コミュニケーション能力が向上するとか、それだけではないこともたらします。さまざまな局面で、人の言葉に騙《だま》されにくくなるのです。

日本語能力の高い人は、日本語能力に劣る人が言葉をよく理解できないことを利用して、「支配」しようとしてきます。よくわからないから信用するしかない――これでは騙されます。「支配」されます。意味のないものにお金を払わせられます。メディアの嘘にも騙されます。

あなたがもし、これから新しい自分を切り開いていこうとするなら、何か新しいことに挑戦したり学んだりするなら、また周囲の人間たちとのコミュニケーションをより円滑なものにしたいと願うなら、何よりもまず着手するべきは「日本語能力の向上」です。

それには、古代からの叡智《えいち》を伝えているカタカムナの音読以上に相応《ふさわ》しいものはない、と確信します。そして、この本を通じてこれに気がつかれたみなさまの未来における幸福の実現を願ってやみません。

さらにしっかりした実践を試みたい方はぜひ、二〇五ページに掲載した日本語音読指導者養成講座にも挑戦して、よりその日本語能力を高めていただきたいと思います。

日本語上達の極意は、カタカムナや日本語古典を一音一音切って歌うように読むことです。

日本人社会で生活する以上、日本語を使う以上、これだけはやらないと大きな損に繋《つな》がることを再度強調して、ここに読者のみなさまのさらなるご精進後の成長を祈念して、この本のあとがきにかえさせていただきたいと思います。

最後までお付き合いいただき、まことにありがとうございました。

令和七（二〇二五）年二月

松永暢史

◎カタカムナ八〇首（※傍線部分は、ひとつの図象にまとめて表されたものを示す）

【一首】　カタカムナ　ヒビキ　マノスベシ　アシアトウアン
ウツシマツル　カタカムナ　ウタヒ

【二首】　ヤタノカカミ　カタカムナ　カミ

【三首】　フトタマノミ　ミコト　フトマニニ

【四首】　イハトハニ　カミナリテ　カタカムナ　ヨソヤコト
ホグシウタ

【五首】　ヒフミヨイ　マワリテメクル　ムナヤコト
アウノスヘシレ　カタチサキ

【六首】
ソラニモロケセ　ユヱヌオヲ　ハエツヰネホン
カタカムナ

【七首】
マカタマノ　アマノミナカヌシ　タカミムスヒ
カムミムスヒ　ミスマルノタマ

【八首】
ウマシタカカム　アシカビヒコ　トコロチマタノ
トキオカシ

【九首】
アメノトコタチ　クニトコタチ　アメ クニカ
ソコ ソギ タチ　カタ カムナ　マノ トキ トコロ
トコ タチ

【一〇首】
メグル マノ　ミナカ ヌシ　タカミ ムスヒ
カムミ ムスヒ　オノ コロ シマ　カムナ ホグ
アメ ツチ ネ　ハシ マリ

【一一首】

イハ フトヤネ イキ ツチノワ カタ カムナ
アマノ ヒト タマ カミ サキ サトリ
ニナ タマ ノ ワケ ツミ イキ コト マリノ ワケ ヨミ

【一二首】

シヒ ハタ シヒ フミ カムミ アキ タマト アウ カムミ
カタ カムナ ノ ミソデ ホト アオ ココロ アカ クスベ
アカ ミコト ハナ クスベ コト ミチ トヨ クスベ ミチ
ウタ シメシ

【一三首】

スヒ チニ ツヌ クヒ イモ イク クヒ オホ トノヂ イモ
オホ トノベ オモ ダル イモ アヤ カシ コネ
イサナミ イサ ナギ トヨ カブ シヌ ウキ フヌ
マカ ハコ クニ

【一四首】

オホ コト オシヲ イハ ツチ ヒコ イハス ヒメ
オホ トヒ ワケ アメノ フキヲ オホ ヤ ヒコ
カサ ケツ ワケノ オシヲ オホ ワタ ツミ

ハヤ アキツ ヒコ イモ　ハヤ アキツ ヒメ

【一五首】

アワ ナギ アワ ナミ　ツラ ナギ ナミ　アヤ ミク マリ
クニ ノ ミク マリ　アメノ クヒ サ モチ
クニ ノ クヒ サ モチ　シナツ ヒコ　ククノ チ
オホ ヤマ ツミ　ヌツチ　カヤヌ ヒメ

【一六首】

アメノ サツチ　クニ ノ サツチ　アメノ サギリ
クニ ノ サギリ　アメノ クラト　クニ ノ クラト
オホト マト ヒコ　オホト マト ヒメ
トリノ イハ クス フネ　オホ ケツ ヒメ

【一七首】

カム ナガラ　トヨヒ カミ　アマ ウツシ
ヤホ トヨノ ユツ　イキ フタ ネ　フタ ハシ　ウキフ ツミ
タカ マカ カヅ　ムスヒ ヌシ　カタ カムナ
マカ ハコ クニ ノ　ヒトツ カタ ツミ

【一八首】
カムアシキネ　アマタマノムカヒ　アマアメ
オホ トノヂ　オホ トノベ　アマクニムカヒ　トコ タチ

【一九首】
マカカ　オホチカム　イツノタテカム　アマナアモリ
ムカヒ　アメノウツメ

【二〇首】
アマノカカミ　アメノヨワロツ　トキ トコロ　トコ タチ
アメ クニ ノ　ヤホ ソト ナミ　カタ カムナ　カタチ サキ
アワセ マク ハヒ

【二一首】
イマ トハ ヒトワ　ミコ ニホ ヤホ　アマツ クニ
コト ミチ　カタ カムナ　ナミ マリ メグル　オホト コロ
イモマクカラミ　ヌフトヤマト

【二二首】
アメオキミツゴ　モコロシマ　アマツアキツネ
ツクシシマ　オホトヤシマ

【二三首】

アマタカマハラ　アワチホノサワケ　アメクニクラト
オキミツゴシマ

【二四首】

アメクニサギリ　モコロシマ　アメクニサッチ
ソコソギシマ　タケヒワケ

【二五首】

オホトマト　オホケツヒメ　イワクストリフネ
ミツゴナミ　ヒノカカヒコ

【二六首】

タクリカナヤマ　ウツメクソ　アメノハニヤス
ミツハノメ　オキツフト　マリ

【二七首】

イハクスユマリ　アマナクニヌシ　ワレムスビ
イホクニツ　マリ　ヤヘモコロ

【二八首】

イキノヒトツネ　イククヒノツチ　カグナツチ
イハ　サク　ネ　サク　イハツツヌヲ

【二九首】

ミカヒシキシマ　ハヤヒタケフツ　カタカムナ
オホワクムスビ　ヤタシマ

【三〇首】

トヨ クモヌ　フツ サカル ツミ　フトナ シメシ ウタ
マリ タバネ　カブシ ウキ フヌ　メグル マリ
ウヒ チニ ホロシ　カタ カムナ　タカ マカ ムスビ ヌシ
イモ イク クヒ　カミ ワク サトリ

【三一首】

カタ カムナ　オホ トノヂ　カムミ ムスビ イモ
オホ トノベ　マクミ ワク タマ イモ　カラミ マクミ
トノヘシ カタ カムナ　サカキ メグリ ノ
カム ヤタ マリ　オモ タル ヌシ　シヅ マリヌ クニ ヌシ

【三二首】

アマノ カミ　アメノ ヨロヅ　クナギ ノ タマ ワケ
アヤ クメ シコネ　カム ツミ シヅ マリヌ
イツノ タテ カム　アワ ナギ カサネ　アハ ヂノ
ホノサ ワケ シマ　イヨノ イヤ シロ チ

【三三首】

カム ナガラ　エヒメ サヌキ チ　アワ トサチ
アメノ オシ コロ　オキ ミツゴ　ツクシ トヨ ワケ
ヒノ クニ クマソ　イヤ シロ チバ　イキツ サキ ヨリ
イヤ シロ コト サトリ

【三四首】

アマツ ミソラノ　アメ ヒトツ ハシラ　サド オホ ヤマト
イヤ シロチ　タニ キビコ　アキツノ　イヤ シロ スベ
シマ カサネ　オホ タマル ワケ　オホ コト オシヲ
トワ チカ　フタヤ ヒメ

【三五首】

カム ナガラ　オホト ヒワケノ　カタ カムナ
イハ ツチ ヒコ　イハス ヒメ ツミ　アメノ フキヲ ノ
オホヤ ヒコ オシヲ　オホ トヂ カサネ　ワタ ヒメ
ハヤ アキツ　マノ ヒコ ヒメ

【三六首】

カム ナガラ オホ ワタ ツミ カハ ウミ ワケ
イカツ アワ ナギ アワ ナミ カタ フト ムスヒ
オホ トノヂ アメノ ミク マリ クニノ ミク マリ
ツラ ナギ メグル トヨ ツラ ナミ

【三七首】

カム ナガラ アメノ クヒサ モチ カタ カムナ
クニノ クヒサ モチ オキ ミツゴ
サキ カゼ シナツ ヒコ キノ クク ノチ イヤ ミソギ ミチ
オホ ヤマ ツミ カヤヌ ヒメ ツチ イヤ ミソギ

【三八首】

カム ナガラ アメ クニ サツチ アメ クニ サギリ
イヤ ミソギ サネ アメ クニ クラト オホマ ヒコ ヒメ
イヤ ミソギ マリ オホ ケツ ヒメ
ヒノ ヤギ ハヤヲ ヒメ イヤ ミソギ ワク

【三九首】

カム ナガラ ヒノ カガ ヒコ ヒノ カグ ツチ
イヤ ミソギ ムス カタ カムナ カナ ヤマ ヒコ

カナヤマ ヒメ イヤ ミソギ ハニ ヤス ヒコ ヒメ
ミツハ ワク ムス イヤ ミソギ

【四〇首】

カム ナガラ トヨ ウケ ヒメヌ イカ ツチ ヒビキ
マノ ネ カタ カムナ イハ サク ネサク イハ ツツヲ
マリ ツラ ネ ミカヒ ハヤ ビヌ タケ イカ ツチ
タケ フツ ノ ムスビ

【四一首】

カム ナガラ トヨ クラ オカミ クラ ミツハ
アマ タマ マト マリ カタ カムナ マサカ ヤマ ツミ
ムカヒ マリ オド ヤマ ツミヲ メグル マリ
ワク ミハラ ナル マ カヒ クシ サリ

【四二首】

カム ナガラ クラ ヤマ ツミヌ ミホト ヨニ
オク ヤマ ツミ カタ カムナ ココロ ツラ ナギ
ハヤマ ツミ タカ マカ ハラ カタ カム フト マニ
アメノ ヲハ バリ イツノ ヲハ バリ

【四十三首】カム ナガラ ミハカ シナ カタ カケ メグル
オホ カム ツミ ヨモツ チシキ ノ イフヤ サカ
カム マト マリノ ツキ タテ フナト ミチ ナガ チバ
タケ ナミハメ ソラ ワケ イフヤ サカ

【四十四首】カム ナガラ マノ ハス トヂノ トキ オカシ
ワツ ラヒノ ウシ カサネ ツミ メグル マノ
チマタ ムスビ ヌヒ カタ カムナ アキ クヒノ ウシ
ムカヒ マリ タマ オキ サカル オキ ナギサ ヒコ

【四十五首】カム ナガラ オキツ カヒ ベラ ヘサ カル ミチ タマ
フト マニノ ヘツ ナギサ ビコ カタ カムナ
トヨ ウケミ カタ ヘツ カヒ ヘラ アワノ マガ
ヤソ マガ ツヒ オホ マガ ツヒ

【四十六首】カム ナガラ クニ カツギ フト マニノ
アヤ カム ナホビ オホ カム ナホビ イツノ メニ

オホ トヂ ムスビ　イツノ メノ　ソコツ ワタ ツミ
ソコ ツツヲ イシ　マト マリ メグル　ナカ ツツヲ

【四十七首】カム ナガラ　ウハツ ワタ ツミ　ムラヂ イツク
ウハ ツツ ヲ　アマ テラス　ウツ シキ カナ
サク タケ ハヤス　サノヲ　ツキ ヨミマ　ミクラ タナ
タ キリ ヒメ　イチキ シマ　サヨリ ヒメ

【四十八首】アマツカミ　カムナマニマニ　ウタサトシ
ヤクサスヘヒト　ココロワク ミト

【四十九首】マカウミコ　メクルモココロ　オキミツゴ
ヨモツチカヘシ　カムツミココロ

【五〇首】カムツミ　ツキタツフナト　イキココロ
アハキタカタマ　ミチノナカチハ

【五一首】 イキココロ　アハキマハラ　トキオカシ
トコロチマタシ　ワツラヒノウシ

【五二首】 タマキソラ　アキクヒノウシ　オキサカル
ナギサヒコ　オキツカヒヘラ　ナミ

【五三首】 イキココロ　アマナヘサカル　モモヒクニ
ヘツナギサヒコ　ヘツカヒヘラ

【五四首】 タマルツチ　イカツツラナギ　セカツキ
ハクミアシハラ　ヤクサアヲヒト

【五五首】 イキココロ　ナカツミシロ　イツヲノメ
シキケカクツチ　イヤシロノツチ

【五六首】 オホナホビメ　イキココロ　カムミイヤマヒ
カムミソギ　ウルハシココロ

【五七首】
アカキウツシネ　カムミカラヤマ　ムナシキ
ケヒココロ　ケシキウツシネ

【五八首】
カムナマニマニ　カミワケノウタ　オホトタマ
タマルアハチ　ホノサワケ

【五九首】
オホコトオシヲ　イヨフタナ　イキツヒメシマ
オホトヒワケ　ハツチヒコ

【六〇首】
カムナマニマニ　トヨウケヒメ　ワクムスビ
カミワケノミチ　アメヨロツ

【六一首】
アマアワナギ　ハヤアキツ　ヨモツチカヘシ
ヤホウツシツミ　カシラハラ

【六二首】
ヤクサイカツチ　ウツシツミ　ヒダリミギリノ
タナカヒノマ　アキツヒメ

【六三首】

ヘサカルカムミ　ウツシツミ　ムネニ
タナマタオクソギ　タナココロノセ

【六四首】

ヤハ マカシ　ソレ ツミ　アメノ セヲ キネ
アキ タマ コメ　カム ナガラ　ワク ツミ　ヒトヨ ヤシ
アナミ ワク　アナミ コロ　アメノ トヨセ ツミ
アメノ ヨロ ツ　ミナカ ノ オホ カミ

【六五首】

カム ナガラ　アマ ネキ アメノ　ワク トメ ミチ
トヨ カム ツミ　アワ タマ ヒメ　ヤス マ ワ ケ ツミ
ワク ハヤ タニ サキ　イカ ツチ ヒビキ　アマ タマ ノ ネ

【六六首】

カム ナガラ　ミツハ ワク ムス　マカ タマ ノ
アキ カタ フマリ　ツ ツ ウミ ノ アナ　トヨ フツ フミ
ハマリ　カム ナガラ　ミツハ ワク ムス
ミソデ マク カラミ　ミカ ハヤビ

【六七首】

カゼ ミツ　トロ ヤマ ツツミ　クミト ヤマ ツツミ
カム ナガラ　イワト ヌマ ツツミ　オトワ ヤマ ツツミ
トロ カエシ　アオ アマ　イワト ヤマ ツミ
ハラ ヤマ ツミ　アメノ ヨハ　イホ ツワケ

【六八首】

トヨホ イホ　カム ナガラ　オホ カム カエシ
ワケ カエシ　イキ トキ　オホ ワ カエシ
スベ ソラ　カム ナガラ　オキ ハヒ
オキ ナギ サキ　アヤ オキツ　アカ ユラ　ハユ タヘ

【六九首】

カム ナガラ　カエシ ナギ　トキ トコロ
タカ ユラ　イヤ アマ ウツシ　オホ アマ ウツシ
カム ナガラ　カム ナホビ　イキ アマツ トメ
ハヤ ウツシ　ワタ　ツミ　ハヤ ヨミツ　カム アマ

【七〇首】

アナ　ウツシ　ワタ　ツミ　アナ　ユツ　チハ　ウツシ
ワタ　ツミ　チハ　ヨミツ　カム　アマ　ミチ　ハヒ　ウツシ
ワタ　カエシ　ミチ　チハ　ハマ　トヨ　チハ　ウツシ　カエシ
カム　ナガラ　チハ　ヨミツ

【七一首】

ウチムシ　イキ　カエシ　ワク　ウツシ　ホギ
アナ　フト　アマ　ヤマト　カム　ナガラ　ウツシ　ヨミ　ワケ
ヤホ　ヤタ　トメ　フミ　ナギ　ワタ　サキ　アメ　カム　アマ
オキ　ツ　サキ　シマ　ウシ

【七二首】

ソレマ　アマ　ウツシ　アウ　ホコ　アメ
オホ　カム　ナガラ　アメノ　ハシ　マリ　ココロ　ワク
ヤマ　コブ　ワケ　ヒトミ　トリ　ムスヒメ　ヒネ
カム　ナガラ　ウツシ　タマ　イキ　コト　サキ　ワレメ

【七三首】

アメノ　ヒトネ　フト　タマ　アメノ　カミ　カム　アマ
アメノ　ウケ　ハシ　ナギ　ウツシ　ミチ　ナミ　ウツシ　ヤシマ

イヤミチ　オキ イキ カム アマ ヒメチ ナミ
アメノ ナホビ　チハ ヒメ　フカヒ ウツシ

【七四首】

スベ カエシ　ヤタ ナホビ　カム ナガラ
アメノ ウツシ　ヨミ タネ ウム　ヤホマリ フナミ
ヤホマリ フナミ　ウミ フトヨ ヤト　カム アマ イキ
フナ イサキ　クニ ヒト　アメノ ハム　フナ イヤ ハム

【七五首】

ナギ ウム　カム ナガラ　イホ ハラ ハメ　ヤホ ウツシ
クマリ ワク ムスビ　トヨ ウケ ヒメ　カム ナガラ
オキ ホト ムツ　ナギ サキ トコ　カムミ マリ
アメノ ヤタカミ　アメノ ソマ

【七六首】

カム ナガラ　アマ ワレマ　アメノ クソムス　オキ ヤホマ
カム ウツシ　スベ カエシ　フナ コロシ　カム ナガラ
アナ アマ ハユ　ユツ コナ カムミ マリ
アメノ コト ミチ　ヨミ カム アマ

【七七首】

ヒネ シマ ヒメ ヨミ オキ ヤマツミ
ムツノ ウツシ カエシ フナ カエシ ハネ カム ナガラ
オホ トケ ハシリ アマ トヨ コトミチ ナミ ウロ ハユ
アメ ウツシ アヤ カム ナガラ アメノ フトマリ

【七八首】

ヤマト ヒネ フトヤ フミトメ トロミ ハユ
フナトメ フナミ カエシ コト カム ナガラ
アメノ フナ フミ オホ ナミ ヒメ アメノ ウヅメ ヒメ
ハニ ヤギ ウヅメ カム ナガラ オキツ フトマ
ハシ フトヤ ユマリ ネギ

【七九首】

オホ ワタ マリ イムナ カム ナガラ
カム アマ ヒト タマ カム マリ ハヒ タマ ハヒ
オキナ サキ ミチ カム ミチ カム ナガラ マノ スベ
オキ アマツ イマ ウミ ヒト ウツシ

【八〇首】

ヒトアメノ　ウツシネ　カムナガラ　ウミイマサキ
イヤミヨ　ヤホウミアマ　マカウミウツシ　ソレヤス
カムナガラ　ミトロカヘシ　アキウツシ　スベワリ
アマタマ　ミトロカヘシ

以下は、すでに多く刊行されているカタカムナ関係の著作の一部です。カタカムナについてさらに発展的に学び、実践に役立てるための参考にしてください。

〈カタカムナを本格的に研究したい方に〉

『相似象第1〜16号』（楢崎皐月／宇野多美恵著　相似象学会刊）……書店では入手困難

『静電三法』（楢崎皐月著　電子物性総合研究所刊）

『完訳　カタカムナ』（天野成美著　明窓出版刊）……宇野相似象直伝の決定版

『カタカムナへの道』（関川二郎・稲田芳宏著　Ｅｃｏ・クリエイティブ刊）……潜象道創始者の本

『日本の上古代文明とカタカムナウタヒ　第一巻、第二巻、第三巻』（江川和子編　カタカムナ保存会刊）

『宇野多美恵先生　最後の伝言』（宇野多美恵著　カタカムナ保存会刊）……最後まで宇野先生の下で研究を続けた江川和子氏の編集

〈次世代のカタカムナ研究とその応用実践〉

『はじめてのカタカムナ』（板垣昭子著　ビーエービージャパン刊）

『カタカムナのチカラ』（川ヰ亜哉子著　ヒカルランド刊）

『日本文化の源流はカタカムナにあり』（水分紅月著　たま出版刊）

『カタカムナ』（丸山修寛著　静風社刊）……カタカムナの医学的実践の書

『クスリ絵』（丸山修寛著　ビオ・マガジン刊）

『カタカムナの使い手になる「宇宙　本質　直観」』（芳賀俊一著　ヒカルランド刊）
『カタカムナ　言霊の超法則』（吉野信子著　徳間書店刊）
『日本のニコラ・テスラ　ミスターカタカムナ』（天野成美・板野肯三著　星雲社刊）……楢崎皐月の評伝

そのほか、現在カタカムナ研究の新しい著作が次々に世に出ています。

カタカムナ関連本は
以下での購入が便利です。

ナワ・プラサード
https://www.nawaprasad.com/

カタカムナ音読法を学べる

音読道場公式サイト

1　４歳でもできる！おうちで学べる音読トレーニング動画

2　移動中に活性化！松永暢史のお手本音源

3　近所の音読道場を探そう！音読道場ネットワーク

4　音読道場を開業できる！大人向け指導者資格講座

カタカムナ音読法に関わる各種サービスを揃えています。

無料説明会実施中。

「音読道場」
公式サイト用QRコード

YouTube「音読道場」
チャンネル用QRコード

松永暢史（まつなが・のぶふみ）

1957年東京都生まれ。大学受験浪人中より大学在学中そして卒業後、結婚後も個人教授バイト生活47年。自称「化け猫家庭教師」。21歳の時のムンバイ～パリ間自動車旅行の体験により意識変換。単なる成績よりも能力の向上を目指して教育実践する。教育環境設定コンサルタント。カタカムナ音読法、抽象構成作文法、サイコロ暗算学習法など多数の能力開発メソッドを開発してその効果を実証。「音読道場」指導者養成講座主任講師。教育作家。ブイネット教育相談事務所主宰。趣味は焚き火と温泉と良景旅行と花卉栽培と文学と哲学。好物は柑橘系の果物とイカ。マーラーと抽象画を愛し、月の遠近WAVEの研究家としても知られる。東京吉祥寺在住。著書は『男の子を伸ばす母親は、ここが違う!』（扶桑社）、『将来の学力は10歳までの読書量で決まる! 』（すばる舎）、『未来の学力は「親子の古典音読」で決まる!』『カタカムナ音読法』（ワニ・プラス）など多数。

「音読道場」公式サイト　https://matsunagadojo.com

大人のための
カタカムナ音読法

日本語能力向上で人生は好転する！

2025年3月5日　初版発行

著者　松永暢史
発行者　佐藤俊彦
発行所　株式会社ワニ・プラス
〒150-8482　東京都渋谷区恵比寿4-4-9 えびす大黒ビル7F
電話　03-5449-2171（編集）

発売元　株式会社ワニブックス
〒150-8482　東京都渋谷区恵比寿4-4-9 えびす大黒ビル
電話　03-5449-2711（代表）

装丁　新 昭彦（TwoFish）
DTP　株式会社ビュロー平林
印刷・製本所　中央精版印刷株式会社

本書の無断転写・複製・転載・公衆送信を禁じます。落丁、乱丁本は㈱ワニブックス宛てにお送りください。
送料小社負担にてお取り替えいたします。ただし、古書店等で購入したものに関してはお取り替えできません。
©Nobufumi Matsunaga Printed in Japan ISBN978-4-8470-7530-8
ワニブックスHP　https://www.wani.co.jp